{ 리더의 질문력 }

THE COACHING HABIT
by Michael Bungay Stanier
Copyright ⓒ 2016 by Michael Bungay Stanier
All rights reserved.
Korean translation rights arranged with Transatlantic Literary Agency Inc.,
Toronto through Danny Hong Agency, Seoul.
Korean translation copyright ⓒ 2025 by Woongjin Think Big Co., Ltd.

이 책의 한국어판 저작권은 대니홍 에이전시를 통한 저작권사와의 독점 계약으로
㈜웅진씽크빅에 있습니다. 저작권법에 의해 한국 내에서 보호를 받는 저작물이므로
무단전재와 복제를 금합니다.

SAY LESS, ASK MORE

{ 리더의 질문력 }

어떻게
진짜 일을
시작할 것인가

마이클 번게이 스태니어
지음

김잔디
옮김

리더스북

| 이 책을 향한 찬사 |

리더들의 가장 큰 고민은 어떻게 구성원들에게 동기를 부여하고 성과를 창출할 것인가이다. 최근 그 해답으로 떠오른 것이 바로 코칭 리더십이다. 이를 배우려는 기업과 리더들이 급증하고 있지만, 코칭은 생각보다 쉽지 않고 꾸준히 적용하기도 어렵다. 이 책은 리더들이 코칭을 습관처럼 실천할 수 있도록 돕는 일곱 가지 강력한 질문과 방법론을 제시한다. 이 질문들만으로도 문제를 해결하고 사람을 성장시킬 수 있음을 증명한다. 리더들이여, 이제 진정한 코칭의 힘을 발휘하고 구성원들을 성장시켜 조직의 성과를 극대화하라.

― 신수정, 『거인의 리더십』, 『일의 격』 저자

초보 팀장이 되었을 때의 막막함을 기억한다. 나만 잘하면 되는 단계를 벗어나 동료들을 살펴 함께 더 잘하도록 이끄는 것이 '일'이 되었다. 개인적으로 친밀하지 않았던 팀원과도 깊은 유대감을 쌓고 이들이 겪는 문제를 뚝딱 해결해야 한다는 책임감이 생긴다. 각자가 가진 재능과 특성을 파악하고, 모든 문제에 즉각 답을 내줘야 팀장으로서 제 역할을 하는 것 아닐까? 『리더의 질문력』은 리더라고 해서 팀원들에게 언제나 도움이 되는 조언을 할 수도, 그럴 필요도 없다고 말한다. 필요한 것은 어쭙잖은 충고가 아니라 적절한 '질문'이다. 이 책은 상대방이 스스로 문제 해결 방법을 찾고 앞으로 나아갈 동력을 불러일으키는 질문들을 제시한다. 팀원과의 대화가 물 흐르듯 자연스럽고 완벽해야 한다는 부담은 내려두고 이 질문 세트를 들고 회의실에 들어가보자. '지금 내가 대화를 잘 이끌고 있는가'보다는 '상대의 진짜 고민이 무엇인지'에 신경을 집중하게 된다. 이 대화의 끝에서는 이전보다 훨씬 생산적인 결론이 도출되리라.

―정경화, 토스 콘텐츠 팀 리더, 『유난한 도전』 저자

코칭의 진수를 핵심 질문 일곱 개로 압축했다. 이 단순하지만 심오한 기술은 제대로 한번 배워두면, 직원들은 물론 궁극적으로 자기 자신을 변화시키는 최고의 도구가 될 것이다.

―다니엘 핑크, 『파는 것이 인간이다』, 『드라이브』 저자

코칭은 특별한 기술로서, 말처럼 쉽지가 않다. 충고가 아닌 질문을 던지려면, 먼저 리더 스스로 '해결사'가 되려는 습관을 버려야 한다. 다른 사람을 리드하고 지원해주기 위해서는 전에 없던 새로운 코칭 습관이 필요하다. 이 책이 바로 그것을 가르쳐줄 것이다.

—브레네 브라운,『마음 가면』,『리더의 용기』저자

더 나은 리더가 되려면 무엇을 해야 하나? 마이클은 야심만만한 리더들에게 리더십 습관을 바꾸어줄 일곱 가지 사려 깊은 질문을 제시함으로써 이 의문에 답한다. 이 책에는 나아지고 싶어 하는 모든 리더를 이끌어줄 실용적이고 유익하며 흥미로운 질문과 아이디어, 도구가 가득하다.

— 데이브 울리히,『당신은 왜 일하는가』,『리더십 코드』공저자

저자의 지성과 위트, 표현력, 코칭에 대한 열정이 빛을 발한다. 이 분야에서 40년 넘게 일해온 내게도 이 책은 중요한 교훈을 남겼다.

— 데이비드 앨런,『쏟아지는 일 완벽하게 해내는 법』저자

코칭을 다루는 수많은 책은 대부분 반쯤 읽히고 책장에 내팽개쳐진다. 하지만 이 책은 처음부터 끝까지 손에서 놓기 힘들다. 쉽게 읽히면서도 과감하고 직설적이며 현실적인 이 책은, 일터에서 동료와 집에서 가족들과 소통하는 방식을 완전히 바꿀 것이다.

― 조핸 맥널리 마이어스, 팀홀튼 HR 부사장

이 책은 이해하기 쉽고 현실적인 목표를 내세우고 있으며, 궁극적으로 효과적인 적용이 가능하다. 나는 이 책이 리더는 물론이고, 학생을 연구하는 교육자나 조직 관리자 모두에게 강력하고 유용한 도구로 자리 잡을 것이라고 확신한다.

― 스튜어트 크랩, 페이스북 교육·개발 부서 이사

최신 행동과학 연구를 기반으로 쓰인 이 책은 실용적이면서도 기억에 오래 남는다. 내 고유 업무는 물론이고, 협업할 때도 많은 도움을 받았다.

― 제임스 슬레작, 뉴욕타임스 전략 부문장

바쁜 관리자들을 위한 최고의 책이다. 쓸데없는 내용이나 추상적인 이론, 따분한 이야기는 전혀 없다. 10분 내로 쓸모 있는 코칭이 가능하도록 도와줄 일상적이고 실용적인 도구가 있을 뿐이다.

— 멜리사 다임러, 트위터 교육·조직개발 부문장

멋진 책이다. 직장 생활을 하면서 리더십과 코칭 관련 서적을 수도 없이 읽었지만 이 책처럼 모든 것을 통합해주는 책은 없었다. 코칭 습관의 핵심은 질문을 단순화하는 것, 그리고 연습 또 연습이라는 개념이 마음에 크게 와 닿았다. 모두가 복잡하게 생각하는 내용을 단순한 프로세스로 정리한 이 책은 리더라면 누구나 단연코 꼭 읽어야 한다.

— 모니크 베이트먼, 토론토 도미니온 은행 수석 부사장

마르셀라에게 바칩니다.

| 프롤로그 |

할런 하워드는 말했습니다.
"위대한 컨트리 음악은 세 개의 코드와 진실로 이루어져 있다."

이 책의 목적은 당신을 코치로 만들려는 것이 아닙니다. 당신이 리더이자 조금은 더 '코치 같은' 사람이 될 수 있도록 돕는 것입니다. 이는 매우 간단하지만 결코 쉽지만은 않은 '새로운 코칭 습관'을 가질 수 있도록 돕겠다는 의미입니다. 다음 두 가지가 핵심입니다.

- 호기심 상태를 조금 더 길게 유지할 것.
- 곧바로 조언하려는 충동을 조금만 지연시킬 것.

한마디로, 말은 줄이고 질문은 늘리라는 것이죠. '진짜' 문제에 대해서 이야기하기 위해서입니다.

코칭은 리더라면 누구나 갖추어야 할 근본 역량입니다. 코칭이 어쩌다 하는 특별 면담이 아니라 일상적인 업무 방식으로 자리 잡으면, 구성원들은 일에 대한 집중력과 동기, 활력을 얻을 수 있고 나아가 자신의 잠재력과 영향력을 충분히 발휘하게 됩니다.

이 책은 바쁜 리더가 10분 안에 효과적인 코칭을 수행할 수 있는 기술을 담고 있습니다. 단순명료하고 실용적으로 쓰였으니, 충분히 즐겁게 읽을 수 있을 것입니다.

모두의 일은 줄이되 더 큰 성과를 누립시다.

마이클 번게이 스태니어

차례

이 책을 향한 찬사 · 004
프롤로그 · 010

1부 { 사람을 변화시키는 리더는 무엇이 다른가 }

01 | 일 잘하는 리더가 빠지기 쉬운 함정 · 019

    당신의 코칭이 실패로 끝난 이유
    일터에서 벌어지는 3가지 악순환
    '진짜' 일을 시작하게 하는 7가지 질문

02 | 행동을 변화시키는 원리와 공식 · 031

    새로운 습관을 만드는 5가지 핵심 요소
    습관을 바꾸는 3단계
    변화에는 반드시 저항이 따른다
    ● 질문력 수업 | 한 번에 한 가지 질문만 하라

2부 최고의 아웃풋을 만드는 7가지 소통 전략

01 | 대화를 트는 질문 · 049

대화를 트는 질문: "요즘 신경 쓰는 일이 뭐예요?"
성과를 이끌어내는 코칭 vs 발전을 돕는 코칭
3P 모델로 대화의 초점 잡기
빨간색 차를 사려고 하면 온통 빨간색 차만 보인다

● 질문력 수업 | 단도직입적으로 질문하라

02 | 가능성을 여는 질문 · 065

가능성을 여는 질문: "그리고 다른 건요?"
내 안의 충고 괴물 길들이기
선택지가 많아질수록 결정은 어려워진다
진짜 의도를 추적하라

● 질문력 수업 | 수사적 질문을 꼭 해야 할까?

03 | 핵심을 찌르는 질문 · 085

당신이 직접 고치려 들면 열차는 탈선한다
핵심을 찌르는 질문: "여기서 당신에게 정말 어려운 점이 무엇인가요?"
질문이 어떻게 안개를 걷어주는가
'성과'에서 '발전'으로
'당신에게'라는 두 단어

- 질문력 수업 | '무엇'으로 시작하는 질문을 고수하라
- 코칭 실전 연습

04 | 본질을 파고드는 질문 · 109

본질을 파고드는 질문: "원하는 게 뭐예요?"
원츠와 니즈의 엉킨 실타래 풀기
강력한 질문을 만날 때 뇌의 변화
뇌가 상황을 판단하는 4가지 요인 'TERA' 활용하기
목적지를 보고 나면 과정은 쉬워진다

- 질문력 수업 | 침묵을 어색해하지 마라

05 | 게으른 질문 · 129

리더의 최선이 최악의 결과를 만들 때
당신의 역할은 무엇인가
게으른 질문: "무엇을 도와줄까요?"
구원자의 덫을 피하는 방법
반응의 폭을 넓히는 대화

- 질문력 수업 | 상대방의 대답에 진심으로 귀를 기울여라

06 | **전략적 질문** • 151

바쁜 것은 성공의 척도가 아니다
전략적 질문: "이것에 '네'라고 했다면, 무엇에 '아니요'라고 할 건가요?"
언제 "아니요"라고 할 것인가
어떻게 "아니요"를 말할 것인가
승리를 위한 5가지 전략적 질문
취할 것과 버릴 것

• 질문력 수업 | 상대방의 대답에 반응하라

07 | **깨달음을 주는 질문** • 173

사람은 어떻게 배우는가
깨달음을 주는 질문: "당신에게 가장 유익했던 게 뭐였어요?"
상대를 성장시키는 강력한 무기
우리가 실제로 기억하는 것

• 질문력 수업 | 모든 수단을 동원해서 질문하라

에필로그 • 190
감사의 글 • 196
참고 문헌 • 199

부록1 | 함께 보면 좋을 책들 • 202
부록2 | 영상으로 배우는 코칭 습관 • 204

SAY LESS, ASK MORE

{ 사람을
변화시키는 리더는
무엇이 다른가 }

1부

일 잘하는 리더가
빠지기 쉬운 함정

01

리더십에서 가장 중요한 것은 무엇일까. 수많은 전문가들은 리더십의 핵심은 코칭이라고 주장한다. 그 주장을 뒷받침하듯 최근 들어 코치의 역할을 겸하는 경영자들이 급격히 증가하고 있다.

감성 지능 개념을 대중화한 심리학자이자 언론인 대니얼 골먼Daniel Goleman은 이미 오래전에 《하버드 비즈니스 리뷰》에 실린 글 〈성과를 이끌어내는 리더십〉에서 코칭 개념을 소개했다. 골먼은 리더십의 핵심 유형으로 여섯 가지가 있으며, 그중 하나인 코칭 리더십은 조직의 성과, 풍토(문화), 수익에 '특히 긍정적인' 효과를 보였다고 썼다. 그러면서도 그것이 가장 활용이 부진한 리더십 유형이라고 했다. 이유가 무엇일까? "지금과 같은 호황기에는 직원을 가르치고 성장하게 돕는, 인내심이 필요하고 오랜 시간이 걸리는 일을 할 틈이 없기 때문이다."

골먼이 이 글을 쓴 무렵은 평온했던 2000년대였음을 유념해야 한다. 이메일이 아직 저주가 아니라 축복이었고 세계화가 막 시작되던 참이었으며, 사람들이 스마트폰에 영혼을 갖다 바치기 전이었다. 세계 각지에서 관리자로 바쁘게 일하던 내 고객들은 그때도 경영 환경이 좋아지기보다는 오히려 나빠졌다고 말하곤 했다. 하물며 지금은 모두가 더 힘든 상황을 겪고 있다. '코칭'이라는 단어가 예전보다 많이 쓰이긴 하지만 실제로 코칭 행위는 그렇게 자주 일어나지 않는다. 그리고 설령 코칭을 하더라도 효과가 있는 것 같지 않다.

당신의 코칭이 실패로 끝난 이유

이미 당신은 어떻게든 코칭을 접해봤을 가능성이 높다. 리더십 컨설팅사 블레싱화이트BlessingWhite는 2006년 연구에서 관리자 중 73%가 어떤 형태로든 코칭 교육을 받았다고 밝혔다. 거기까진 좋다. 하지만 효과가 썩 좋지는 않았던 모양이다. 코칭을 받은 사람의 23%만이 — 그렇다, 4명 중 1명도 안 된다 — 성과나 업무 만족도에 있어서 코칭이 상당한 효과가 있었다고 했다. 심지어 10%는 코칭이 부정적 영향을 주었다고 말했다. (혼란만 가중하고 의욕은 떨어뜨리는 코칭을 받아야 한다니, 어떤 심정일지 상상이 가는가?)

그러니 요약하자면 지금 당신은 효과적인 코칭을 받지도, 하지도 못하고 있을 것이다. 당신이 처음 코칭 습관을 들이려고 했을 때 실패한 원인은 내 생각에 적어도 세 가지다. 첫째, 당신이 받은 코칭 교육이 지나치게 이론적이고 복잡하고 지루할 뿐만 아니라 정신없이 돌아가는 업무 현실과 동떨어졌기 때문이다. 교육 도중에 어쩌면 당신은 쌓인 메일들을 처리하느라 정신없었을지도 모른다.

둘째, 수업 자체는 괜찮았더라도 어떻게 하면 새로운 통찰을 행동으로 옮겨 예전과 다르게 일을 처리할지 시간을 들여 고민하지 않았기 때문이다. 사무실로 돌아가면 현실의 무게에 짓눌려 금방 포기하고 예전과 똑같이 행동하지 않았는가?

셋째, 충고를 덜 하고 질문을 더 한다는 게 간단해 보이겠지만 실은 의외로 어렵다. 당신은 오랫동안 충고를 하며 살았고 그러면서 승진을 하고 좋은 평가를 받았을 것이다. 다른 사람이 보기에 당신은 '가치를 창출하는' 인물이었고, 계속 상황을 통제한다는 이점을 누리기도 했다. 반면에 질문을 하면 지금 내가 하는 말이 쓸모가 있는지 의심스러워지고 대화가 생각만큼 빨리 진행되지 않는다. 대화의 주도권을 잃어버리는 듯한 느낌도 든다(실제로 이런 행위를 '권한 부여empowering'라고 한다). 이렇게 따져보니 질문하는 것에는 별로 좋은 점이 없는 것 같다.

일터에서 벌어지는 3가지 악순환

내가 운영하는 회사 박스오브크레용 Box of Crayons에서는 평소 바쁘게 일하는 관리자 1만 명 이상에게 현실에 적용할 수 있는 코칭 기술을 전수해왔다. 지난 몇 년 동안 코칭 교육을 하면서 우리는 다음과 같은 사실을 분명히 깨달았다.

- 코칭은 단순한 일이다. 사실 당신에게 필요한 대부분이 이 책에서 소개하는 **일곱 가지 핵심 질문**에 들어 있다.
- **10분이 채 안 되는 시간** 동안에도 누군가를 코치할 수 있다. 이렇게 바쁜 시대에는 10분 안에 코칭이 가능해야 한다.
- 코칭은 가끔씩 형식적으로 열리는 '코칭 타임!' 같은 이벤트가 아니라 **일상적으로 일어나는 격식 없는 행위**여야 한다.
- 누구나 코칭 습관을 기를 수 있다. 새로운 습관을 몸에 배게 하는 검증된 방법을 이해하고 따른다면 말이다.

하지만 굳이 왜 기존 방식을 바꿔야 할까? 대체 왜 새로운 코칭 습관이 필요할까?

코칭의 핵심은 다른 사람들을 돕고 그들이 지닌 가능성을 열어주는 데 있다. 물론 당신은 이미 남을 돕겠다고 마음을 먹었겠지만, 그렇다고 해서 코칭이 더 자주 일어나는 것은 아니다.

코칭은 리더인 당신에게도 도움이 된다. 다른 사람을 성장시키면 당신의 일도 수월해지고 더 좋은 효과를 내기 때문이다. 코칭 습관을 들이면 일터에서 빈번히 일어나는 세 가지 악순환에서 벗어날 수 있다. 세 가지 악순환은 리더에 대한 지나친 의존 성향이 생기거나, 감당하지 못할 만큼 업무가 쏟아지거나, 진짜 중요한 일에서 단절되는 상황을 말한다.

악순환 1. 리더에 대한 지나친 의존

정신을 차리고 봤더니 당신이 이끄는 팀이 지나치게 의존 성향이 강하다는 사실을 깨달았다. 그럴 때 이중고에 직면한다. 먼저 그동안 리더에게 심하게 의존하게끔 팀원들을 길들인 결과 그들은 권한을 빼앗겼고 그것은 당신에게도 답답한 상황이 되었다. 팀원들의 의존도가 지나치게 높다 보니 리더가 할 일이 너무 많아졌고, 리더의 존재가 시스템에 걸림돌이 되기도 한다. 모두가 추진력과 의욕을 잃는다. 리더가 팀원들을 도울수록 도울 일이 더 많아지는 듯하다. 그럴수록 리더는 뒤치다꺼리에 시간을 더 많이 쓰게 된다.

코칭 습관을 들이면 리더가 끼어들어서 대신 일하다 결국 걸림돌이 될 일이 줄어들 것이고, 팀 전체의 자율성과 주인의식이 강해져서 팀의 자립성이 올라갈 것이다.

악순환 2. 감당하지 못할 만큼 쏟아지는 업무

당신은 할 일이 너무 많아서 주체하기 힘들다. 생산성을 높이는 온갖 유용한 정보를 터득하고 있어도 소용없다. 하면 할수록 일이 더 넘쳐나기 때문이다. 우선순위가 뒤엉켜 지시가 상충하고, 끊임없는 메일과 이런저런 회의에 정신이 팔리다 보면 당신의 초점은 흐려진다. 초점이 흐려질수록 일을 감당하기 힘들어질 것이고 감당하기 힘들다는 느낌이 들수록 초점은 더욱 흐려질 것이다.

코칭 습관을 들이면 다시 초점이 분명해진다. 팀이 하는 일이 효과가 있으므로 리더도 실제로 변화를 끌어내는 일에 시간과 에너지와 자원을 쏟을 수 있다.

악순환 3. 중요한 일로부터의 단절

마지막으로, 중요한 일에서 당신이 단절될 수도 있다. 전작 『더 위대한 일을 하라 Do More Great Work』에서 나는 일을 끝내는 것 자체만으로는 충분하지 않다는 원칙을 근본으로 내세웠다. 당신은 사람들이 더 영향력 있으면서도 의미 있는 일을 하게 도와야 한다. 진정한 목적이 없는 일은 하면 할수록 열중하기 힘들고 의욕이 떨어진다. 열중하지 않으면 의미 있는 일을 발견하고 창조할 가능성도 줄어들 것이다.

코칭 습관을 들이면 당신과 팀원들이 의미 있을 뿐 아니라 영향력을 발휘할 수 있는 일을 다시 시작할 수 있다. 코칭은 편안하고 익숙한 상태에서 벗어날 용기를 북돋워주며 경험에서 배울 수 있게 도와준다. 또한 개인이 지닌 가능성을 키우고 발휘하는 데 직간접적으로 힘이 된다.

결국 코칭 습관은 무기력이나 번아웃, 자포자기에 빠지지 않도록 우리를 일으켜 세운다. 나아가 좀 더 나은 방식으로 일할 수 있는 돌파구를 열어준다.

사람들이
발견의 순간이라고
생각하는 것은
사실 질문을 발견하는
순간이다.

조너스 소크 Jonas Salk

'진짜' 일을 시작하게 하는 7가지 질문

이 책의 핵심은 앞서 소개한 악순환에서 빠져나오게 도와주고 일하는 방식을 향상시켜줄 일곱 가지 질문이다. 이 질문들은 당신이 직접 상대하는 부하 직원뿐 아니라 고객, 거래처, 상사, 심지어 (물론 보장은 못하지만 가끔은) 배우자나 10대 자녀에게도 통한다. 또한 매주 실시하는 일대일 면담이나 팀 회의, 영업 회의, 그리고 누군가와 우연히 마주치는 비공식적인 순간(아주 중요한 순간이다)을 완전히 바꿔놓기도 한다.

대화를 트는 질문은 어떤 대화든 분명한 초점으로 마음을 열고 시작하게 해준다. 가능성을 여는 질문은 현존하는 가장 훌륭한 코칭 질문으로, 다른 여섯 가지 질문의 효과를 높여주며 리더는 이 질문을 자기 관리에 활용할 수 있다. 핵심을 찌르는 질문과 본질을 파고드는 질문은 문제의 핵심을 파악해서 정말 중요한 대상에 집중하는 게 목적이다. 게으른 질문은 리더의 시간을 절약하고 전략적 질문은 함께 일하는 사람들의 시간을 절약한다. 깨달음을 주는 질문은 코칭의 마무리를 책임지며, 당신과의 대화가 유익했다고 느끼게 해준다.

시작할 준비가 되었는가? 대체 일곱 가지 핵심 질문이 무엇인지 당장 알고 싶겠지만, 본격적으로 시작하기 전에 어떻게 하면 행동 방식을 바꿀 수 있는지부터 잠깐 짚어보려고 한다. 실제로 행동에 옮길 수 없다면 아무리 좋은 수단도 소용이 없다. 다음 장에서 소개하는 새로운 습관 형성 공식에서 그러한 문제를 다룰 예정이다.

행동을 변화시키는
원리와 공식

02

⋮

이 책에서 말하는 행동 변화의 핵심은 간단하다. 질문을 조금 더 많이 하고, 지시를 덜 하면 된다는 것이다. 하지만 간단하다고 꼭 쉽지는 않으며, 어떻게 행동으로 옮겨야 할지 모른다면 이론은 소용없다. 그러니 무엇을 바꿀지 살펴보기 전에 먼저 **어떻게** 바꿀지 이해해야 한다. 이미 알겠지만 아무리 의도가 좋아도 기존의 행동 방식을 바꾸기는 쉽지 않다. 아마 다음 상황이 낯설지 않을 것이다.

- 아침에 눈 뜨자마자 이메일을 확인하는 짓을 그만두겠다고 다짐하지만, 오밤중에 내 얼굴은 희미한 휴대폰 불빛을

받아 빛나곤 한다.
- 명상을 해서 내면의 평화를 이루겠다고 생각하지만, 가만히 앉아서 호흡할 시간 5분도 내기 힘들다.
- 점심시간을 제대로 누리겠다고 생각하지만, 어쩌다 보니 키보드 위에 샌드위치 부스러기를 흘리고 있다.
- 당분간 술을 자제하려고 했지만, 일과를 마치면 왜 내 손에 맛 좋은 호주산 와인이 들려 있는지 모르겠다.

듀크대학교에서 실시한 연구 결과를 보면 충격이 좀 덜할 듯하다. 우리가 일어나서 하는 행동 중에 적어도 45%는 습관적이라고 한다. 내 행동의 주체는 나라고 생각하기 쉽지만, 잠재의식이나 무의식이 주는 영향이 크기 때문에 우리가 의식적으로 통제하는 일은 그리 많지 않다. 놀랍기도 하고 조금은 불편하기도 한 사실이다.

시중에는 행동 방식을 어떻게 하면 바꿀 수 있는지에 대한 많은 정보가 나와 있다. 정확히 말하면 해가 바뀌면서 새해 계획에 관심이 높아질 때마다 잘못된 정보가 우후죽순으로 생겨나는 것이다. 어떤 행위를 21일 동안 계속하면 습관이 된다는 말을 들어보았는가? 누가 꾸며냈는지도 모르겠는 이 말은 이제는 없어지지도 않고 좀비처럼 인터넷을 돌아다닌다.

새로운 습관을 만드는 5가지 핵심 요소

다행히 지난 몇 년간 신경 과학과 행동 경제학에 근거한 연구 결과가 늘어나면서 어지러운 상황이 좀 정리가 되었다. 효과적으로 새 습관을 들이고 싶다면 다섯 가지 핵심 요소가 필요하다. 목적, 계기, 사소한 버릇, 효과적인 실천, 그리고 계획이다.

1. 확실한 목적 세우기

일하는 방식을 바꾸라니, 그렇게 힘든 일을 왜 해야 할까? 예전에 하던 익숙하고 효율적인(물론 효과적이라는 말은 아니다) 방식을 바꾸겠다고 마음을 먹은 이상 기대 효과는 명확해야 할 것이다. 뜻밖에도 그것은 성공을 상상하라는 말이 아니다. 연구 결과에 따르면 지나치게 오랫동안 결과를 상상하면 오히려 일할 때 동기부여가 잘 안 된다고 한다. 리오 바바우타 Leo Babauta는 저서 『선禪 습관: 변화의 기술 익히기 Zen Habits: Mastering the Art of Change』에서 큰 그림을 그릴 수 있는 훌륭한 방법을 소개한다. 다른 사람을 위해서 이 일을 하겠다고 마음을 다잡으면 된다는 것이다. 리오는 아내와 갓 태어난 딸을 위해서 담배를 끊었다. 내 습관이 본인에게 어떤 도움이 될지 생각하기보다는 새 습관을 통해 내가 사랑하는 사람을 어떻게 도울 수 있을지 생각하는 편이 낫다.

2. 기존 행동을 유발하는 트리거 찾기

찰스 두히그Charles Duhigg는 저서 『습관의 힘』에서 가장 중요한 교훈은 기존 행동을 유발하는 방아쇠, 즉 트리거를 모르면 자기도 모르게 그 행동을 반복하므로 절대로 바꿀 수 없다는 것이다. 트리거가 되는 순간이 언제인지 구체적으로 알아낼수록 유용한 정보를 얻을 수 있다. 예를 들어 '팀 회의에서'보다는 '팀 회의에서 확인해달라고 요청받았을 때'가 더 유용하고, '팀 회의에서 제니가 자기 의견에 피드백을 달라고 요청했을 때'라고 하면 더 좋다. 이 정도로 구체적인 트리거를 인지하면 강력한 새 습관을 만드는 출발점에 선 셈이다.

3. 행동 단계를 줄이고 구체화하기

새로운 습관을 추상적이고 모호하게 정의하면 추진력이 생기기 힘들다. 실행하는 데 너무 많은 시간이 걸리면 영악한 뇌는 기껏 마음먹은 것을 망칠 궁리를 한다. 스탠퍼드대학교 행동설계연구소장이자 『습관의 디테일』의 저자인 BJ 포그Brian J. Fogg는 새로운 습관이란 실천하는 데 60초가 채 걸리지 않는 아주 사소한 행동이어야 한다고 주장했다. 더 큰 습관으로 이어질 수도 있는 첫 한두 단계를 아주 정확히 정의하는 게 중요하다. 줄이고 구체화한다는 원칙은 이 책에서 제시하는 일곱 가지 핵심 질문과도 꼭 들어맞는다.

4. 심층 연습 반복하기

대니얼 코일Daniel Coyle은 저서 『탤런트 코드』에서 특정 지역이 어떤 분야에서 '핫 스팟'이 된 원인이 무엇인지 연구했다. 브라질은 축구, 모스크바는 여성 테니스, 뉴욕은 음악(줄리아드스쿨을 떠올려보라)으로 유명하다. 이 특별한 지역의 공통점은 연습을 제대로 시킬 줄 알았다는 점이다. 코일은 이를 '심층 연습'이라고 했다. 심층 연습의 세 가지 요소는 다음과 같다.

- 어떤 행위를 구성하는 일부 행위를 연습한다(예를 들어 테니스라면 서브 전체가 아니라 공을 위로 던지는 동작만 연습한다).
- 반복, 반복, 또 반복…. 빨리 했다가 느리게 했다가, 다르게도 해본다. 실수에 신경을 집중하면서, 멈추지 않고 계속한다.
- 마지막으로, 연습이 잘되는지 의식하고 알아차린다. 잘될 때는 자축한다. 원한다면 모르겠지만 꼭 샴페인을 딸 필요는 없다. 간단히 만세만 불러도 충분하다.

5. 실패를 예상하고 대비하기

누구에게나 흔들리는 순간이 찾아온다. 그럴 때면 다 포기하고 기존 행동으로 돌아가고 싶어진다. "케이크를 한 조각 먹으면 왠지 남은 케이크도 다 먹어야 할 것 같다." 제레미 딘$^{Jeremy\ Dean}$은 『굿바이 작심삼일』에서 습관을 들이려는 노력이 언제나 완벽할 수는 없다는 현실을 직면하게 도와준다. 하다 보면 한 번쯤, 하루쯤 놓칠 것이다. 당연한 일이다. 그럴 때 필요한 것은 무엇을 해야 할지 아는 것이다. 회복력 있는 시스템은 페일세이프$^{fail-safe}$ 방식으로 구축되므로 어디가 고장 났을 때 정상화를 위한 다음 단계가 명확히 정해져 있다. 당신의 습관도 회복탄력적 시스템으로 만들라.

습관을 바꾸는 3단계

박스오브크레용의 코칭 기술 워크숍은 참가자가 구체적인 습관(할 일 목록에 적어둔 광범위하고 실천하기 힘든 목표와는 다르다)을 정의하고 그것에 전념하게 하는 데 상당히 주력해왔다. 우리는 앞서 언급한 요소에서 통찰을 얻어서 현실에 적용해본 다음 새로운 습관을 형성하는 공식을 도출했다. 이는 간단하고 쉬우면서도 효과적인 방법으로, 자신이 원하는 새로운 행동 방식을 분명히 정의하고 처음 실천할 때 활용할 수 있다. 이 공식은 트리거 인지하기, 예전 습관 알아내기, 새로운 행동 방식 정의하기의 세 가지로 구성된다. 어떻게 적용해야 하는지 알아보자.

1. 트리거 인지하기: 언제 그렇게 하는가?

갈림길에 섰을 때 예전 행동 방식을 따라 잘 다져진 길을 갈 수도 있고, 시인 로버트 프로스트Robert Frost처럼 '인적 드문 길'을 선택할 수도 있다. 그런 순간, 즉 트리거를 인지해야 한다. 그 순간이 언제인지 모른다면 계속 놓칠 테고 행동 방식을 바꿀 기회도 놓칠 것이다.

그 순간을 구체화할수록 좋다. 찰스 두히그는 다섯 가지 계기가 있다고 했다. 장소, 시간, 감정 상태, 사람, (직전에 일어난) 행위가 그것이다. 아주 구체적인 트리거를 인지하려면 이 중에 여러 가지를 사용해도 좋다. 예를 들어 "**주간 회의에서**(시간) **로버트가**(사람) '그 건은 별로 깊이 생각해보지 않았습니다'라고 말해서(행위) **화가 났을 때**(감정 상태)"가 계기가 된다.

2. 예전 습관 알아내기: "더 이상 이런 행동은 하지 말자"

예전 습관을 분명히 기록해야 당신이 어떤 습관을 버리고 싶은지 알 수 있다. 거듭 말하지만 구체적일수록 좋다. 예를 들어 "로버트에게 '그 건은 생각해봤어요?'라고 물었다. 질문하듯 말했지만 사실 질문이 아니라는 걸 로버트가 눈치 채길 바랐다. 말하는 내내 로버트가 못마땅했다."와 같이 세세하게 기록한다.

3. 새로운 행동 방식 정의하기: "앞으로는 이렇게 하자"

실행에 60초도 걸리지 않을 새로운 행동 방식을 정의해야 한다. 앞서 말했듯이 이 책에서는 근본적으로 충고를 줄이고 호기심을 보이는 방향으로 행동 방식을 바꾸는 것을 목표로 삼는다. 곧 깨닫겠지만 일곱 가지 핵심 질문의 장점은 모두 60초 이내에 충분히 물어볼 수 있다는 점이다.

사례를 마무리해보자. 앞으로의 행동 방식을 이렇게 정의해볼 수 있겠다. "그러면 로버트에게 '어떤 아이디어가 있어요?'라고 질문해야겠다."

이 책의 각 장에서는 일곱 가지 핵심 질문을 하나씩 다루고, 장마다 마지막에 그 질문을 기반으로 당신만의 습관을 수립하게끔 유도할 것이다. 한 번 제시한 개념을 계속 언급하고 질문마다 실제 사례를 제시하므로 독자는 새로운 습관 형성 공식과 질문이 현실에 어떻게 적용되는지 알 수 있다.

변화에는 반드시 저항이 따른다

말만 들으면 간단해 보이지만, 막상 실행해보면 결코 쉽지 않다는 사실을 깨닫게 될 것이다. 이제까지 내버려두었던 행동 방식을 바꾸기는 무척 어렵다. 무엇인가를 예전과 다르게 하려고 시도하고, 처음부터 완벽하지 않더라도(애초에 불가능한 일이다) 포기하지 않고 회복하려면 용기가 필요하다. 무엇인가 새로운 일을 시도하면 꼭 저항에 부딪히기 때문이다. 이런 저항에 대처하려면 다음 원칙을 따르자.

- 쉬운 상대로 시작한다. 누군가를 관리해서 변화를 끌어내고 싶다면 기꺼이 받아들일 준비가 되어 있고 당신에게 마음을 열 만한 사람을 골라야 한다. 아니면 지금 너무나도 엉망이어서 아무리 해봤자 잃을 것이 없는 사람을 고르자.

- 작은 것부터 시작한다. 이 책에서 소개하는 아이디어를 한꺼번에 실천하려고 하지 마라. 시작했다면 한 가지를 완전히 '몸에 밸 때까지' 마스터해야 한다. 그런 다음 다른 것으로 넘어가자.

- 다른 사람과 함께한다. 나는 변화를 이루고 더 나은 행동 방식을 몸에 배게 하려고 내 주변에 지원 체제를 구축했다. 서로 코치해주는 모임, 매주 점검하고 격주로 통화하는 모임, 석 달에 한 번씩 점검하는 모임 등이 있고 스마트폰에는 습관 관련 랩을 세 개 설치했다. 몰라서 이렇게 하는 것이 아니다. 친구나 동료와 함께하면서 서로 점검하고 격려하고 연습하고 응원하자.

- 다시 도전한다. 습관을 못 지킬 때가 생기기 마련이다. 항상 잘 풀리지는 않는다. 당신은 '의식적 무능'(약간 거슬리긴 하지만 정확한 표현이다)으로 알려진 학습 단계에 있기 때문에 당장은 어색하겠지만, 의도적으로 꾸준히 연습하면 훨씬 만족스러운 '의식적 유능' 단계로 올라갈 수 있다.

고대 로마의 시인 오비디우스는 "습관보다 강한 것은 없다."라고 했다. 좋기도 하고 나쁘기도 한 얘기다. 스스로 뇌에 주입한 부정적인 반응과 대처 습관 때문에 당신의 삶도 그렇게 되기 쉽다는 것은 나쁜 소식이다. 하지만 이제 습관의 작동 원리를 알았으니 앞으로는 성공으로 이어지는 자신만의 고유한 습관을 형성할 수 있다는 것은 좋은 소식이다.

윈스턴 처칠은 "사람은 공간을 만들고, 공간은 사람을 만든다."라고 했다. 우리는 습관 속에서 살아간다. 어떤 리더가 되고 싶은지 구상한 다음에 올바른 코칭 습관을 길러야 한다. 그리고 누군가에게 하는 첫 질문을 새로운 습관의 출발점으로 삼을 수 있다. 이것이 바로 다음 장에서 자세히 다룰 내용이다.

질문력 수업

한 번에
한 가지 질문만 하라

내 친구이자 『우아한 아이디어가 세상을 지배한다』, 『덜어냄의 법칙』의 저자 매튜 메이Matt-hew May는 파리 중심지에서 처음 운전했을 때의 경험을 말해주었다. 매튜는 파리의 랜드마크 에투알 개선문 주변에 있는 로터리에 진입하자마자 그곳이 보통 교차로가 아니라는 사실을 알아차렸다.

그 교차로에서 열두 갈래 길이 합쳐지면서 일반적인 교통 규칙이 뒤집어졌다. 진입하는 차량에 우선 통행권이 있었고, 이미 교차로에 진입한 차량은 자기 차례를 기다려야 했다. 그 체계는 나름대로 작동하기는 했지만 — 프랑스인들은 정말 별나다! — 매튜는 사방에서 차가 자기한테 달려드는 것 같아서 혼비백산했다.

가끔 쏟아지는 질문을 받는 입장이 되면, 파리에서 운전하는 것 같은 느낌이 든다. 여기저기서 질문이 날아들어서 미처 대답할 틈도 없고 결국 당황

해서 머릿속이 하얘진다. 이런 식으로 대화를 하면 힘이 되기는커녕 심문을 받는 것 같은 불쾌한 분위기가 형성된다.

만약 상대에게 질문 하나를 던진 후라면, 대답을 궁금해하며 하나 더 질문하고, 또 질문하고, 또 질문하지 말고(그것이 설령 좋은 질문일지라도) 말없이 그의 대답을 기다려라.

SAY LESS, ASK MORE

{ 최고의
아웃풋을 만드는
7가지 소통 전략 }

2부

대화를
트는 질문

01

⋮

소설의 첫 문장이나 영화의 첫 대사가 인상 깊을수록 엄청난 힘을 발휘한다. "최고의 시절이자, 최악의 시절이었다."(찰스 디킨스의 『두 도시 이야기』), "아주 먼 옛날 머나먼 은하계에서…"(〈스타워즈〉 시리즈 오프닝 시퀀스)처럼 말이다.

관리자가 코칭을 자주 하지 않는 이유는 어떻게 시작하면 좋을지 모르기 때문이다. 일단 시작만 하면 어떻게든 되리라는 생각이 항상 맴돈다. 하지만 어떻게 시작해야 할까? 어찌어찌 시작은 했는데 대화가 깊이가 없거나 지루하거나 쓸데없다는 느낌을 받았다면, 다음 세 가지 상황 중 하나에 해당할 가능성이 높다. 빙빙 겉도는 스몰토크를 하거나 한결같은 주제를 놓고 대화하거나 문제 인식이 고정된 경우다.

잘못된 출발점 1. 불필요한 스몰토크
분명히 말해두지만 스몰토크가 필요할 때도 물론 있다. 가볍게 일상적인 대화를 나누면서 공감대를 형성하고 상대방도 인간이란 사실을 서로 떠올리면서 가까워질 수 있기 때문이다. 하지만 주어진 15분 중에서 8분 동안 쓸데없는 얘기만 하고 나면 허무하기 짝이 없다. 생각해보자. 캐나다는 겨울에 춥고 눈이 내린다는 얘기를 매번 해야 했을까? 아니면 응원하는 스포츠 팀 성적이 과연 좋아질까 걱정된다고? 스몰토크를 하면 분위기가 풀어지긴 하겠지만 중요한 대화로 이어가기는 힘들다.

잘못된 출발점 2. 똑같은 주제
같은 시간 같은 장소에서 똑같은 사람들이 한결같은 주제로 정기 회의를 하다 보면 문제가 생기기 마련이다. 현상과 숫자만 무의미하게 반복되고 새로운 정보는 없다. 그런 회의실에 있으면 기운이 빠진다. 그 주제는 일주일 전이나 한 달 전, 일 년 전에는 참신했을지 몰라도 이제는 진짜 중요한 문제를 다루는 데 방해가 될 뿐이다.

잘못된 출발점 3. 고정된 문제 인식

무엇이 문제인지에 대한 질문도, 대화도 오가지 않는다. 스스로 문제를 파악하고 있다고 확신하기 때문이다. 상대가 확신할 수도 있다. 저마다 본인은 잘 안다고 굳게 믿고 있을 가능성이 높다. 그러니 어떻게 되겠는가? 기껏해야 근본적인 쟁점에 가까운 것 같은 것을 열심히 파고든다. 이렇게 대응하면 편하기도 하고, 문제가 해결되는 듯해서 진전되고 있다는 생각이 든다. 하지만 잘못 짚었다. 엉뚱한 구멍에 들어가 있다면 아무리 빠르고 능숙하게 파고 들어가봤자 소용없다.

대화를 트는 질문: "요즘 신경 쓰는 일이 뭐예요?"

"요즘 신경 쓰는 일이 뭐예요?" 이렇게 질문하면 거의 실패하는 일 없이 간단히 말문을 트고 제대로 된 대화를 시작할 수 있다. 그것은 지나치게 모호하지도 않고, 광범위하지도, 제한적이지도 않아서 너무 뜨겁지도 너무 차갑지도 않은 딱 적당한 상태, 일종의 골디락스Goldilocks 질문이다.

또한 이 질문은 자유롭게 대답할 여지를 주므로 상대방이 문제의 핵심에 스스로 접근하고, 본인에게 가장 중요한 게 무엇인지 털어놓게 유도한다. 당신이 일방적으로 말하거나 가르치는 것이 아니라 당신이 상대를 신뢰하고 있음을 보여주고 상대가 자유롭게 선택하게 만드는 것이다.

그러면서도 이 질문에는 초점이 있다. 아무거나 말해보라거나 전부 털어놓으라는 뜻이 아니다. 무엇이 재미있고 무엇 때문에 불안하거나 피곤한지, 새벽 4시에 벌떡 일어나게 만들거나 가슴 뛰게 만드는 일이 있는지 단도직입적으로 말할 수 있게 독려한다.

이 질문은 가장 중요한 문제에 관해 말해보자는 의사표시다. 늘 똑같은 주제를 피하고 스몰토크를 생략하며, 고정적인 문제 인식을 뿌리 뽑을 수 있다. 그리고 일단 이 질문을 던지고 나서, 내가 '3P 모델'이라고 이름 붙인 개념 틀을 활용해 대화의 초점을 잡아야 한다. 하지만 3P 모델을 살펴보기 전에 두 가지 코칭 유형이 어떻게 다른지 이해하는게 좋겠다.

성과를 이끌어내는 코칭 vs 발전을 돕는 코칭

일부 조직에서는 성과를 이끌어내는 코칭과 발전을 돕는 코칭을 구분한다. 성과를 이끌어내는 코칭은 구체적인 문제나 고충을 해결하는 데 중점을 둔다. 코칭을 통해 불을 *끄거나* 불을 지피거나, 불에 기름을 붓는다. 성과 코칭은 매일 일어나고 꼭 필요하다.

발전을 돕는 코칭은 문제 자체가 아니라 문제를 다루는 사람, 즉 불을 관리하는 사람에게 초점을 맞춘다. 이런 대화는 상대적으로 드물지만 훨씬 강력하다. 누군가 해준 코칭을 받아들여서 자신이 실제로 바뀌었던 때를 떠올려보자. 분명 발전을 돕는 코칭 대화였을 것이다. 단순히 어떤 문제를 해결하는 차원을 넘어서 무언가를 배우고 개선하고 성장하도록 끌어주는 게 발전을 돕는 코칭의 목적이다.

3P 모델을 활용하면 간단하게 무엇에 초점을 맞출지 결정하고 대화를 좀 더 생생하게 풀어나갈 수 있으며, (필요하다면) 발전을 돕는 코칭이라는 한층 높은 수준에 집중할 수 있다.

3P 모델로 대화의 초점 잡기

3P 모델은 코칭 대화에서 무엇에 집중할지 결정할 때 사용한다. 즉 상대방이 겪는 문제의 핵심에 어떤 측면이 있는지를 파악하는 것이다. 보통 프로젝트나 사람, 행동 패턴을 중심으로 말썽이 일어난다.

프로젝트 Project

프로젝트는 상황의 내용이자 작업 대상이다. 가장 쉽게 생각할 수 있는 것이고 많은 사람에게 가장 익숙한 대상이기도 하다. 우리는 온종일 문제를 해결할 방법을 찾고, 항상 당면한 상황에 주의를 기울인다. 이 영역에서는 성과나 객관적 변화를 이끌어낼 목적으로 코칭이 이뤄진다. 프로젝트 영역에서 어떻게 코칭을 시작할지 파악한 다음 나머지 P를 하나만 다룰지, 아니면 둘 다 다룰지 판단하는 데 묘미가 있다.

사람 People

짜증 나는 사람들만 없으면 일이 훨씬 수월해질 거라고 느낀 적 있는가? 분명히 나만 그렇게 생각하는 것은 아닐 것이다. 불완전하고 늘 합리적이진 않으며 복잡하고 편파적이고 전지전능함과는 거리가 먼 당신이 똑같이 불완전하고 때론 불합리하며 복잡하고 편파적이고 지혜와 공감 능력이 완벽하다고 보기 힘든 다른 사람과 일해야 할 때 상황은 더욱 복잡해지기 마련이다.

우리가 다른 사람에 관해 이야기할 때, 그 대상은 사실 사람 자체가 아니다. 그때 논하는 대상은 관계다. 구체적으로 말하면 이상적이기 힘든 현재의 관계에서 자신이 맡은 역할에 관해 이야기하는 셈이다.

패턴 Pattern

바꾸고 싶은 행동 패턴과 일하는 방식을 뜻한다. 이 영역에서 발전을 돕는 코칭 대화가 일어날 가능성이 가장 높다. 이런 대화는 개인적이고 난이도가 높지만 상대방의 지식과 역량이 성장하고 꽃필 수 있게 도와줄 여지가 있다. 그리고 현재 조직 내에서 이런 대화는 필요한 만큼 충분히 이뤄지지 않는다. 패턴 위주의 대화가 항상 좋은 건 아니다. 프로젝트만 놓고 이야기하는 편이 적절할 때가 많다.

예를 들어 이렇게 질문했다고 하자. "요즘 신경 쓰는 일이 뭐예요?" 아마 이런 대답이 돌아올 것이다 "지금 하는 ○○○(진행 중인 일을 대입하라) 때문에 걱정이에요."

그러면 이렇게 제안한다. "세 가지 관점에서 생각해봅시다. 프로젝트 측면에서는 일 자체가 풀기 어려운 경우가 있겠죠. 사람 측면에서는 팀원이나 동료, 다른 부서나 상사, 고객 때문에 힘들 테고요. 패턴 측면에서는 일하는 데 방해가 되거나 개선했으면 하는 부분이 있을 겁니다. 무슨 얘기부터 시작해볼까요?"

상대의 선택은 중요하지 않다. 무엇을 고르든 아주 강렬하게 시작할 수 있기 때문이다. 상대가 고른 P를 상의하고 나서 자연

단순히 어떤 문제를
해결하는 차원을 넘어서
그들이 무언가를
배우고 개선하고
성장하도록 이끌어라.

스럽게 다음 P로 대화 주제를 옮겨 가면 된다. "이 부분도 고민해 보죠. 여기서는 어떤 점이 힘들어요?" 이런 식으로 더욱더 깊고 생생하며 풍부한 대화를 할 수 있다.

빨간색 차를 사려고 하면 온통 빨간색 차만 보인다

"요즘 신경 쓰는 일이 뭐예요 What's on Your mind?"는 페이스북에서 사용자에게 보내는 대표적인 질문이다. 대표적인 질문이었다고 해야 하나? 언제부턴가 메시지가 뜨지 않았다. 그러다 금방 다시 등장했다. 내 생각에 마크 저커버그와 직원들은 이 질문이 가장 낫다고 본 것 같다.

말하자면 이 질문은 하루를 돌아보고 이를 사람들과 공유하라고 수천만 명에게 보내는 신호인 셈이다. 박스오브크레용의 연구원 린지는 이 질문이 왜 그토록 효과적인지에 대한 과학적 근거를 파헤쳤다. 신경 과학 분야에서 밝혀낸 근본 원리에 따르면, '당신이 관심을 기울이는 대상이 곧 당신'이다. 따라서 무엇이 핵심인지를 유념한다면 좋은 결과를 얻을 수 있을 것이고, 저도 모르게 쓸데없는 데 정신이 팔린다면 그 대가를 치르게 될 것이다.

2010년의 한 연구는 인간이 생각할 때마다 실제로 에너지를 소모한다고 주장했다. 뇌의 무게는 몸무게의 2% 정도에 불과하지만 전체 열량의 20%를 소모한다는 것이다.

그뿐만 아니라 지금 머릿속에서 맴도는 생각이 앞으로 신경 쓰고 집중할 일에도 무의식적으로 영향을 준다. 빨간색 승용차를 사겠다고 마음을 먹으면 길거리에서 온통 빨간색 승용차만 눈에 들어오기 시작한다. 생각은 우리의 선택에도 영향을 주므로 최적의 선택을 하기란 사실 쉽지 않다.

대화를 트는 질문은 상대방의 부담을 덜어주고, 그가 자신이 일하는 방식에 지나치게 영향을 줄 수 있는 요인을 솔직하게 표현하도록 도와준다. 불확실하고 애매하게 계속 맴돌았던 문제, 당신도 모르는 사이에 주변을 바라보는 관점을 편협하게 만들었던 문제가 수면 위로 떠오를 것이다.

어떤 일이 당신을 예전 행동으로 되돌리는가?

어떤 사람이나 상황, 느낌 등이 당신에게 계기로 작용했던 순간을 적는다.

여기서 묻는 계기는 대화가 시작하는 순간을 뜻한다. 이를테면 다음과 같은 상황이다.

직속 부하직원이 당신의 사무실에 나타나서 조언을 구한다. 고객이 전화를 건다. 상사가 당신을 그의 사무실로 호출한다. 함께 점심을 먹던 동료가 내게 긴히 할 말이 있으니 10분 정도 시간을 내줄 수 있냐고 묻는다. 팀원과 정기적으로 일대일 면담을 한다. 서로 말이 오고 간 지 꽤 오래 지났는데도 진정한 대화가 시작되지 않은 것 같아서 마음이 불편하다. (이외에 누군가에게 받은 이메일이나 메시지도 계기가 될 수 있다.)

더 이상 이런 행동은 하지 말자

그만두고 싶은 예전 습관을 적는다. 구체적으로 써야 한다.

예전 습관은 다음과 같다.
구구절절 스몰토크만 늘어놓다가 본론에 들어가자 이래라저래라 조언하곤 한다. 늘 똑같은 문제만 다룬다. 아예 대화 주제를 정해주기도 한다. 상대에게 호기심을 보이기보다는 대화 방향을 통제하려고 한다.

앞으로는 이렇게 하자

자신이 원하는 새로운 습관을 적는다.

앞으로는 이렇게 하기로 다짐하자.
"팀원에게 요즘 신경 쓰는 일이 뭐예요?"라고 질문하겠다. (이메일이나 메시지가 계기였다면 그저 답장에 질문을 적어 보내는 것으로 충분하다.)

질문력 수업

단도직입적으로 질문하라

인터넷에는 제임스 본드 영화 최고의 오프닝 장면에 대한 다양한 밈meme이 있다. 어떤 이는 〈007 나를 사랑한 스파이〉에서 로저 무어가 스키를 타고 절벽을 내려오다가 낙하산(물론 영국 국기가 그려져 있다)을 펴고 사라지는 장면을 최고로 꼽는다.

〈007 카지노 로얄〉의 투지 넘치는 흑백 오프닝 장면을 좋아하는 이도 있다. 다니엘 크레이그가 두 번째 임무를 수행한 후 살인 면허인 암호명 '00'을 받는 장면이다.

나? 나는 〈007 골든 아이〉에서 피어스 브로스넌이 거대한 댐에서 번지점프하는 장면을 최고로 친다. 뭐가 됐든 간에 여러분은 공통점을 눈치 챘을 것이다. 제임스 본드 영화는 질질 끌면서 시작하는 법이 없다는 것이다.

펑! 영화를 시작한 지 10초 안에 사건이 일어난다. 아드레날린이 솟구치고 심장박동이 빨라진다. 이런 오프닝은 평소에 우리가 질문을 시작하는 법과는 전혀 다르다. 천천히 장황하게 빙빙 돌리면서 시작하는 방식은 원작이언 플레밍Ian Fleming의 소설보다는 셰에라자드의 천일야화에 가깝다.

횡설수설하는 서론은 접어두자. 속도를 내고 싶을 때 꼭 활주로가 있어야 하는 것은 아니다. 그냥 이륙하면 된다. 무슨 질문을 할지 판단했다면 바로 핵심으로 들어가서 질문하라. 도입부가 꼭 필요하다면 이렇게 말해보자. "궁금해서 그러는데…." 어떤 질문이든 이 말이 앞에 붙으면 부담을 덜어주므로 묻기도 쉽고 대답하기도 쉽다. 상대에게 묻고 싶은 것이 있을 땐 대본을 짜고, 설명하고, 사설을 늘어놓기보다는 단도직입적으로 질문하고 대답은 주의 깊게 경청한다.

가능성을
여는 질문

02

나는 어설픈 아마추어 마술사다. 그래서 프로 마술사기 얼마나 내난한지 안다. 혹시 이런 영상을 본 적 있는가? 마술사가 한 여성에게 손을 들고 있으라고 하고는, 아무것도 없어 보이는 허공에서 동전 하나를 만들어낸다. 이어서 동전이 하나 더 나온다. 또 나온다. 동전 다음에는 금붕어 떼가 쏟아져 나온다. 미국의 듀오 마술사 펜 앤 텔러Penn and Teller의 공연 영상 속 한 장면이다 (궁금하면 구글에서 'Masters of Magic Penn and Teller, Amazing Tricks'를 검색하기 바란다).

나는 그들의 마술을 흉내도 못 내지만, 지금부터 내가 알려줄 질문의 기술은 어떤 면에서는 이런 마술과도 같다. 무척 효과적이라서 '세상에서 가장 훌륭한 코칭 질문'이라는 이름으로 상표를 등록할까 진지하게 고민까지 했었다.

가능성을 여는 질문: "그리고 다른 건요?"

"그리고 다른 건요?" 이것은 아주 간단한 세 어절짜리 질문으로, 별로 특별해 보이지 않을 것이다. 하지만 이 질문은 내뱉는 순간 마법 같은 힘을 발휘한다. 전혀 힘들이지 않고도 어느 순간 폭넓은 지혜와 통찰, 자기 인식, 더 많은 가능성을 불러온다.

가능성을 여는 질문이 이렇게 큰 영향을 주는 이유는 세 가지다. 첫째, 더 많은 선택지가 있으면 더 나은 의사 결정을 할 수 있다. 둘째, 끼어들고 싶은 마음을 자제할 수 있다. 셋째, 생각할 시간을 벌게 된다.

내면의 론 포페일 끌어내기

지금까지 살면서 한 번이라도 TV를 시청해본 적 있다면, TV 홈쇼핑에서 채소 다지기, 강판, 세제, 물걸레를 모두 합쳐 19.99달러(배송료 포함)에 판매하는 광고를 봤을 것이다. 미국 홈쇼핑계의 대부 격인 진행자 론 포페일Ron Popeil의 유명한 대사가 들리는 것 같지 않은가? "잠깐만요, 그게 다가 아닙니다!" 하고 말이다.

내가 만능 물걸레를 팔고 싶어서 이런 얘기를 꺼낸 것은 아니다. 꼭 기억해야 할 점이 있어서다. 어떤 사람에게 질문했을 때 나오는 첫 대답이 가장 좋은 답일 가능성은 사실 거의 없다. 당연한 소리라고 생각하겠지만, 생각보다 그럴 가능성은 훨씬 낮다.

칩 히스Chip Heath와 댄 히스Dan Heath는 탁월한 저서『자신 있게 결정하라』에서 폴 너트Paul Nutt 교수야말로 "관리자가 어떻게 의사 결정을 내리는지 살아 있는 인간 중에서 가장 잘 아는 사람"이라고 주장하며, 그의 연구를 인용했다. 너트는 조직에서 이루어진 의사 결정 168건의 결과를 엄격한 기준으로 검토해보니, 전체 의사 결정 가운데 71%가 이원적 선택에 따른다는 사실을 발견했다. 쉽게 말해서 "이걸 해야 할까, 말아야 할까?" 둘 중 하나라는 뜻이다.

너트에 의하면 이 비율은 십 대 청소년이 이원적 선택을 내리는 비율과 비슷했다(사실 청소년의 비율보다 조금 더 높았다). 물론 십 대는 형편없는 의사 결정을 하는 경향이 있다. 하지만 그들은 뇌가 아직 완전히 성장하지 않았다고 변명이라도 할 수 있지 않은가. 이렇게 예, 아니요로 선택한 의사 결정이 실패할 확률 50% 이상이라는 사실은 별로 놀랍지 않다.

너트는 더 많은 선택지를 고려한 의사 결정의 성공률을 살펴봤다. 예를 들어 선택지를 한 가지만 더 추가하면 어떻게 될까? 이것을 할 것인가, 저것을 할 것인가? 아니면 아예 하지 않을 것인가? 그러자 놀라운 결과가 나타났다. 선택지가 하나 이상 늘어나자 실패 확률은 30% 정도로 뚝 떨어졌다.

"그리고 다른 건요?"를 활용하면 선택지를, 그것도 더 나은 선택지를 늘릴 수 있다. 좋은 선택지가 늘어나면 의사 결정의 질도 좋아진다. 의사 결정의 질이 좋아지면 더 큰 성공을 거둘 수 있다.

내 안의 충고 괴물 길들이기

이것이 책이 아니라 일본의 3행 단시 하이쿠였다면 나는 이렇게 썼을 것이다.

> 질문을 하라
> 충고는 생각보다
> 별 쓸모없다

이 말에 동의하는 사람도 많을 것이다. 그러나 생각과는 달리 '충고를 줄이고 질문을 하라'는 실천하기가 꽤 쉽지 않은 지

침이다. 우리 몸에는 금방 조언자나 전문가 모드, 혹은 대답하기/해결하기/바로잡기 모드로 빠져드는 습관이 뿌리 깊게 배어 있다. 전혀 놀랄 일이 아니다. 오늘날 기업이 해답과 확실성을 중시하고, 일과 삶이 복잡해지면서 예전보다 부담과 불확실성, 불안을 강하게 느끼는 사람들이 많아졌다. 이런 현실에 동조하다 보면 우리 뇌는 분명하고 확실한 대상에 강한 선호를 보인다. 그러니 자연스럽게 충고를 좋아하게 되는 것이다. 심지어 잘못된 충고라도 모호한 질문보다는 편하다고 느낀다.

박스오브크레용의 훈련 프로그램에서는 이러한 충동을 '충고 괴물'이라고 부른다. 당신에게는 항상 다양한 호기심과 좋은 질문을 하겠다는 선의가 있다. 하지만 예전보다 나은 방식을 실천하려는 결정적인 순간에, 어둠 저편에서 충고 괴물이 튀어나와 대화를 장악한다. 자기도 모르게 해답을 찾고 싶은 마음이 생기고 아이디어와 제안, 권장 방식을 불쑥 들이민다.

물론 충고가 필요할 때도 있다. 다시는 누구에게도 해결책을 제시하면 안 된다고 말하는 것은 아니다. 하지만 충고는 남발하기 쉽고, 비효율적인 대응이 될 때가 많다.

이것을 알아보는 무척 흥미진진한 연습이 있다. 충고하고 싶은 충동이 얼마나 빨리 드는지 스스로 점검해보는 것이다. 하루 동안 (한나절이나 한 시간도 괜찮다) 답을 제시하고 싶은 마음이 생기는 순간, 금방이라도 그럴 것 같은 순간을 점검해보자. 1984년 하워드 베크만Howard Beckman과 리처드 프랭클Richard Frankel은 환자가 말을 시작하고 나서 의사가 끼어드는 타이밍이 평균 18초라고 밝혔다. 지금까지 수없이 인용된 연구다. 코웃음을 치며 "의사들이 그렇지."라고 말할 수도 있겠지만, 나는 비슷한 기록을 보이는 관리자와 리더를 많이 목격해왔다.

요컨대 우리는 문제가 무엇인지, 상대가 어떤 일을 겪고 있는지 제대로 모르면서도 상대에게 필요한 답을 우리가 갖고 있다고 확신한다.

"그리고 다른 건요?"라는 질문은 이런 악순환의 고리를 끊을 수 있다. 이 질문을 습관화하면 아주 손쉽게 느긋함과 호기심을 유지할 수 있다. 가능성을 여는 질문은 자기 안에 있는 충고 괴물을 억제해주는 자기 관리의 도구다.

이 질문의 숨겨진 활용법

사실 이 질문에는 또 하나 굉장히 중요한 활용법이 있다. 이 책을 읽고 있는 독자들에게만 살짝 공개하는 비밀이다. 내가 책 앞날개의 저자 소개란에도 써두었듯이, 나는 '올해의 캐나다 코치상'의 첫 번째 수상자이며 '세계 최고의 코치'로 선정되기도 했다. 그만큼 전문성과 수상 경력을 보유한 존경받는 코치로서 이를 살짝 귀띔해주려고 한다.

자신이 팀장이나 관리자, 경영자임에도 아직 상황을 제대로 파악하지 못했을 때가 있다. 그럴 때 리더로서 상황 파악을 다 하지 못했다는 것을 티내지 않고 시간을 벌고 싶다면, 이 질문이 제격이다. "그리고 다른 건요?" 그런 뒤 상대방이 대답을 찾는 동안 상황 파악을 위해 열심히 머리를 굴려보자.

하지만 이건 우리끼리 하는 얘기다. 다른 사람들에게는 비밀로 해주길.

우리는
문제가 무엇인지
제대로 모르면서도
상대에게 필요한 답을
우리가 갖고 있다고
확신한다.

항상 궁금해하고, 진정성을 보여라

쓸 만한 질문을 알아냈다고 해도, 질문하는 태도가 예전의 케케묵은 습관과 똑같아선 안 된다. 이 습관을 기르려면 그냥 "그리고 다른 건요?"라고 묻는 연습만으로는 부족하다. 이 책의 37쪽에서 언급한 대니얼 코일의 심층 연습 원칙을 활용하고, 질문할 때 진심으로 관심과 호기심을 보여야 한다. 대답을 잘 듣는 연습도 보너스 점수를 따기 좋다.

한 번 더 물어라

사람들이 이 질문을 많이 하기는커녕 지나치게 안 한다는 것이 문제라는 사실부터 이해하고 시작하자. 습관이 몸에 배려면 시험 삼아 질문을 해보면서 그 질문이 대화에 어떻게 작용하는지를 살펴봐야 한다. 참고로 나는 이 질문을 최소한 세 번은 하고, 가끔 다섯 번 이상 할 때도 있다.

성공했다는 사실을 받아들여라

대화를 하다 어느 단계에 이르면 상대가 이렇게 말한다. "다른 건 없습니다." 이런 말을 들으면 심장 박동이 빨라지고 허둥지둥 당황하는 건 아주 당연한 증상이다.

　상대의 이런 반응을 성공했다는 증거로 생각하자. "다른 건 없습니다"는 당신이 추구해야 할 대답이다. 그런 반응이 나왔다는 것은 일련의 질문이 막바지에 이르렀다는 뜻이다. 심호흡한 뒤 고개를 끄덕이고, 다음 질문으로 넘어가자.

때가 되면 마무리하라

대화에 활력이 떨어진다는 느낌을 받으면 이제 그 관점을 벗어나서 마무리해야 하는 때가 온 것이다. "그리고 다른 건요?"를 대체하면서 대화를 마무리하기에 적합한 효과적인 질문은 "다른 할 말 있어요?"다. "그리고 다른 건요?"의 다른 버전인 "다른 할 말 있어요?"는 대화를 정리하면서도 필요한 말이 있으면 하도록 문을 열어두는 질문이다.

선택지가 많아질수록 결정은 어려워진다

선택권이 있으면 좋다. "그리고 다른 건요?"가 강력한 효과를 발휘하는 이유는 가장 빠르면서도 쉽게 새로운 가능성을 파악하고 창조할 수 있기 때문이다.

하지만 선택권이 아주 많다고 해서 항상 좋은 건 아니다. 배리 슈워츠Barry Schwartz는 『선택의 패러독스』에서 식료품점에 간 소비자 사례를 설명했다. 한 식료품점에서 잼 판촉 행사를 하면서 한 시식 테이블에는 잼 6종을, 다른 테이블에는 24종을 진열했다. 24종을 진열한 테이블의 인기가 더 좋았지만, 실제로 잼을 구매할 확률은 6종 테이블에서 시식했던 고객이 열 배 더 높았다. 더 많은 잼이 깔린 테이블의 고객은 24종류나 되는 맛에 압도되어 의사 결정 능력이 마비된 것이다.

신경 과학에도 이 대화에 보탤 만한 훌륭한 내용이 있다. 조지 밀러George A. Miller가 1956년에 발표했으며 결론이 무엇인지 제목에 정확히 드러낸 논문 「마법의 숫자 7±2: 정보 처리 능력의 한계The Magical Number Seven, Plus or Minus Two: Some Limits on Our Capacity for Processing Information」가 그 시작점이다. 세월이 흐르면서 연구를 거듭한 결과 마법의 숫자는 차츰 줄어들었고, 요즘에는 우리가 한꺼번에 정보를 처리할 수 있는 이상적인 숫자는 일반적으로 4로 가정한다. 어떻게 보면 우리 뇌는 무의식적으로 "하나, 둘, 셋, 넷, … 많네" 하는 식으로 숫자를 세는 셈이다. 밴드 멤버가 네 명일 때는 기억하지만 다섯이나 그 이상일 때는 잘 기억하지 못하는 이유도 그래서이다.

그러므로 "그리고 다른 건요?"라는 질문의 목적은 엄청나게 많은 선택지를 만들어내는 것이 아니다. (당신이 자기 생각을 들이미는 사태를 효과적으로 방지하면서) 상대가 이미 생각하고 있는 것이 무엇인지 알아보는 것이다. 3~5개의 답을 얻었다면 정말 훌륭한 진전을 이룬 셈이다.

적절한 순간 발견하기

"그리고 다른 건요?"는 활용도가 무척 높기 때문에 거의 모든 대화에 덧붙일 수 있다. 예를 들어보자.

- "요즘 신경 쓰는 일이 뭐예요?"라는 질문에 상대가 대답하면 이렇게 다시 물어보자. "그리고 다른 건요?"
- 누군가 특정 조치를 하겠다고 하면 이렇게 말해서 도전의식을 북돋워주자. "다른 건 뭘 할 수 있을까요?"
- 당신이 어떤 문제의 핵심을 파악하기 위해 "여기서 가장 힘든 점이 뭐예요?"라고 물었을 때, 상대가 주저하면서 모호하거나 진부하게 대답하면 이렇게 질문해서 더 깊은 속내를 들어보자. "그리고 다른 힘든 점은 뭐죠?"
- 주간 업무 회의를 시작할 때 "지금 중요한 안건이 뭡니까?"라고 묻고 나서 "그리고 다른 건요?"라고 물으며 계속 긴장감을 유지하자.
- 누군가 새로운 아이디어를 전면에 내세우거나 전에 없이 용기를 내서 잠재력과 한계를 실험한다면, 귀를 기울이고 이렇게 질문해서 가능성을 끌어올리자. "그리고 다른 건 뭐

가 가능할까요?"

- 브레인스토밍 도중에 정적이 흐르는 게 싫다면 이렇게 질문하며 활기를 돋워보자. "그리고 다른 건요?"

진짜 의도를 추적하라

"그리고 다른 건요?"가 세상에서 가장 훌륭한 질문이라고 주장할 작정이라면 — 우리는 정말 그렇게 주장하니까 오해하지 말길 — 이 질문에 대한 과학적 근거를 이해할 필요가 있다. 이 임무를 맡은 우리 연구원 린지는 아주 흥미로운 연구 결과 두 가지를 가져왔다.

린지가 인용한 첫 논문은 처음 발표된 1929년 이후로 85년이 넘는 세월을 살아남았다. 이 연구에서는 학생들이 똑같은 O/X 시험을 두 번 치렀고 '의도적인 재검토'를 하자 두 번째 시험에서 정답률이 높아진다는 사실이 드러났다. 한편 첫 번째 시험에서 자기 답을 기록한 집단의 성적이 기록하지 않은 집단보다 좋았다. 답을 기록하지 않은 집단은 정답률이 낮았다. 그러니 처음에 어떤 답을 진지하게 내놓은 다음에 다시 심사숙고하면 훨씬 정확도가 높아진다고 볼 수 있다. 그보다 최근에 실시된 연구에서는 ("그리고 다른 건요?" 같은) 후속 질문을 해서 고차원적인 사고를 고치면 문제를 더 깊이 이해하고 해결에 적극적으로 참여하는 데 도움이 되는 것으로 나타났다.

린지가 찾아낸 두 번째 연구에서는 심리학자들이 세 살배기 아이들에게 나쁜 짓 — 장난감 몰래 보기 등 — 을 유도한 다음에 장난감을 몰래 봤냐고 질문하여 아이들을 괴롭혔다. 장난감을 몰래 본 아이들의 절반 정도는 그러지 않았다고 거짓말했지만, 그들 중 대부분은 "장난감이 뭐였어?"라고 질문하자마자 솔직하게 대답했다. 우리도 아이와 다르지 않다. 질문이라는 단순한 행위로 파헤칠 수 있는 다른 존재가 늘 있기 마련이다. 방향을 잡는 질문은 그 일을 해낼 가장 효과적인 방법이다.

어떤 일이 당신을 예전 행동으로 되돌리는가?

어떤 사람이나 상황, 느낌 등이 당신에게 계기로 작용했던 순간을 적는다.

"그리고 다른 건요"가 효과적인 이유는 상대로 하여금 계속 선택지를 만들게 하고, 당신은 가만히 있게 해주기 때문이다. 그렇다면 여기서 계기는 이와 반대되는 상황이다.

어떤 아이디어를 들었을 때, 충고하고 싶을 때, 스스로 답을 알고 있다는 확신이 들어서 꼭 말해주고 싶을 때, 상대방이 "다른 건 없습니다!"라는 말을 아직 하지 않았을 때 등이 있다.

더 이상 이런 행동은 하지 말자

그만두고 싶은 예전 습관을 적는다. 구체적으로 써야 한다.

예전 습관은 주로 필요 이상으로 빠르게 충고 모드, 해결사 모드에 돌입하는 경우를 가리킨다. 예를 들면 다음과 같다.

상대가 첫 번째로 말한 아이디어나 두 번째, 심지어 세 번째 아이디어라도 그냥 그대로 받아들인다. 다른 사람이 생각을 말하기 전에 내 멋진 아이디어를 알려준다. 스스로 문제와 해결책 양쪽 모두를, 혹은 한쪽을 알고 있다고 가정한다. 내가 대화 주도권을 잡고 결론을 내린다.

앞으로는 이렇게 하자

자신이 원하는 새로운 습관을 적는다.

틀림없이 이런 식으로 적었을 것이다.

먼저 결론 짓지 않고 상대에게 "그리고 다른 건요?"라고 질문한다.

수사적 질문을 꼭 해야 할까?

영화 〈대부〉에서 양 볼 가득 솜을 문 말론 브란도는 누군가에게 거절할 수 없는 제안을 했고, 그 사람은 다음 날 아침 침대 발치에서 잘린 말 머리를 발견했다.

물론 우리가 뜻을 이루는 법은 그보다는 섬세하다. 충고를 줄이고 질문을 늘리면 모두에게 유익하다는 사실을 이해하면서도, 마음속으로는 자신이 지금 논의되는 문제의 답을 알고 있다고 굳게 확신한다. 그래서 이런 가짜 질문을 만들어낸다.

"○○은 생각해봤어요?"
"○○하면 어때요?"
"○○하는 걸 고려해봤어요?"

물음표 붙은 충고를 그만둬라. 그건 질문으로 치지 않는다. 아이디어가 생겼더라도 기다리는 게 좋다. "그리고 다른 건요?"라고 질문하면, 내 머릿속에서 활활 타오르고 있는 바로 그 아이디어를 상대가 꺼내는 경우가 자주 있다. 그렇지 않다면 가짜 질문으로 위장하지 않은 진솔한 아이디어를 제안하면 된다. 이 책에서 제시하는 일곱 가지 핵심 질문 중 하나를 골라보자. 직접 아이디어를 제안하고 싶을 때는 질문 형태를 빌리지 않고 한 가지 선택지로 제시해도 좋다.

핵심을
찌르는 질문

03

당신이 직접 고치려 들면 열차는 탈선한다

과학의 세계에는 우연히 탄생한 멋진 발견이 넘쳐난다. 윌리엄 퍼킨W.H. Perkin은 말라리아를 치료하려다가 최초의 합성염료 모베인를 만들어냈다. 알렉산더 플레밍Alexander Fleming은 지저분한 실험실을 정리하지 않고 휴가를 떠났다가 돌아와서 인류의 첫 항생제 페니실린을 발견했다. 초강력 접착제 개발에 실패한 덕분에 포스트잇 메모지가 성공할 수 있었다. 협심증을 치료하려다가 만들어진 약품이 비아그라다.

안타깝지만 이런 동시성synchronicity은 오늘날 조직과는 거리가 멀다. 당신이 속한 조직의 문화와 내가 지금껏 봤던 조직 문화가 비슷하다면(사실이 그러하다), 조직에서는 일을 처리하는 데 중점을 둔다. 즉 정해진 일을 실행해서 할 일 목록에서 지워야 하는 것이다. 당신이 나와 함께 일했거나 나를 고용했던 관리자들 대부분과 비슷하다면, 당신도 진정으로 이 일을 이해하고 싶을 것이다.

문제는 오랜 기간 그렇게 길들여진 대로 의사들이 '표출된 문제presenting challenge'라고 부르는 증상, 즉 상대가 문제라고 생각하여 도움을 구하는 자각증상이 귀에 들어오면 그 문제를 고치거나 해결책을 제시하고 싶어서 당신의 온 섬유 세포가 씰룩거린다. 파블로프식 조건 반사인 셈이다. 당신의 조직 같은 조직에 속한 전 세계 사람들이 뼈 빠지게 일해서 별로 중요하지 않은 문제에 무난한 해결책을 내놓는 이유가 바로 그것이다. 정작 중요한 문제가 잘 언급되지 않는 이유기도 하다.

사람들이 당면한 문제를 이야기할 때, 그것이 진짜 문제일 가능성은 별로 없다는 사실을 꼭 기억해야 한다. 당신이 해결하려고 뛰어들면 세 가지 방향으로 열차가 탈선한다. 첫째, 잘못된 문제를 놓고 씨름한다. 둘째, 팀이 할 일을 당신이 직접 하려고 한다. 셋째, 일 자체도 제대로 처리되지 않는다.

잘못된 문제를 놓고 씨름한다

팀에서 언급되는 문제를 처리할 훌륭한 방법을 당신이 생각해낼 수도 있다. 하지만 그 일은 꼭 해결해야 할 진짜 문제가 아닐 가능성이 높다. 팀원들은 증상, 부차적인 문제, 편하고 익숙하게 다룰 수 있는 예전 문제의 망령, 불분명한 문제에 대한 섣부른 해결책 등 어떤 것이든 일단 말해놓고 본다.

직접 문제를 해결하려고 한다

팀원들은 그들이 할 일을 대신하도록 당신을 잘 훈련시켰다. 그들은 언제든지 문제가 발생하면 스스로 해결할 방법을 찾기보다는 당신을 찾아와서 답을 요구한다. 이런 방식이 모두에게 (적어도 당시에는) 더 쉬운 방법 같지만, 당신은 자기 일도 하고 동시에 팀에서 발생하는 일도 해야 한다는 중압감을 느낀다. 심리 치료사와 상담을 하게 된다면 그는 이 단계에서 고개를 끄덕이며 이렇게 말할 것이다. "음…, 상호의존 관계로군."

문제를 해결하지 못한다

당신도 할 일이 따로 있다. 그런데 이제 모든 사람의 문제를 해결할 책임까지 생겼다. 하지만 당장 해답을 손에 쥔 것도 아니니 당신은 그 이메일을 무시하거나, 미결 서류함에 넣어두거나, 언제가 될지는 모르지만 곧 답을 주겠다며 애매하게 약속한다. 이런 식으로 갑자기 일이 진전되지 못하게 막는다. 팀원들은 당신에게 지나치게 의존하고, 당신 또한 오도 가도 못하는 느낌을 받으며 모든 과정과 사람을 늘어지게 만든다. 당신이 병목 현상을 일으키는 요주의 인물이 된 것이다.

문제가 시작되자마자 뛰어들어 고치고 싶은 유혹을 자제해야 한다. 스스로가 (그리고 팀원들이) 안건으로 올라온 첫 문제에 얽혀드는 것을 막아야 한다. 조금만 속도를 늦추면 이슈의 핵심이 무엇인지 깨달을 것이다. 그리고 여기 일대 변화를 가져올 질문이 있다.

핵심을 찌르는 질문:
"여기서 당신에게 정말 어려운 점이 무엇인가요?"

"여기서 당신에게 정말 어려운 점이 무엇인가요?" 이 질문은 성급하게 행동에 옮기려는 충동을 진정시키고, 첫 번째 문제가 아닌 진짜 문제를 해결하는 데 시간을 쓰게 도와줄 것이다. 질문을 이렇게 표현한 데는 다 이유가 있다. 이 질문 어디가 그렇게 유용한지 알아보자.

- **어려운 점이 무엇인가요?** 호기심이 있으면 올바른 방향으로 나아갈 수 있지만, 이렇게 표현된 질문은 지나치게 모호하다. 이렇게 질문하면 뻔하거나 다소 모호해서(아니면 둘 다 해당되어서) 별로 도움이 되지 않는 대답이 돌아올 가능성이 높다.
- **여기서 정말 어려운 점이 무엇인가요?** 이 질문이 암시하는 것은 선택 가능한 여러 가지 어려움 가운데 가장 중요한 한 가지를 골라야 한다는 것이다. 이렇게 질문하면 항상 사람들은 금방 대답하지 못하고 깊이 생각하게 된다.
- **여기서 당신에게 정말 어려운 점이 무엇인가요?** 누구나 어떤 상황에 관해 고치원적이거나 추상적인 어려움을 들먹이기는 참 쉽다. 이때 '당신에게'를 덧붙이는 것은 질문하는 대상을 대화 당사자로 고정해준다. 이는 불특정 다수가 아니라 개인으로 질문 대상을 한정하고, 그 사람이 겪고 있는 어려움이나 해결이 필요한 문제를 고민하게 만든다.

첫 번째

문제가 아니라

진짜 문제에

집중하라.

질문이 어떻게 안개를 걷어주는가

핵심을 찌르는 질문이 어떻게 구성되는지 알았으니, 이제 당신과 코칭 상대 사이에서 무척 자주 나타나는 비효율적인 패턴을 이 질문이 어떻게 끊어주는지 살펴보자. 이 패턴 때문에 당신이 문제의 초점을 파악하려고 할 때마다 만사가 흐릿하고 모호해진다. 박스오브크레용에서는 이를 '안개 분사기'라고 부르며, 가장 흔한 패턴으로는 문제 확산, 유령 코칭, 추상화와 일반화 세 가지가 있다.

문제 확산

당신은 일곱 가지 핵심 질문 가운데 첫 번째 질문을 익혔다. 자신 있게 몸을 기울이며 이렇게 묻는다. "그럼, 요즘 신경 쓰는 일이 뭐예요?"

대답이 쏟아진다. "웹 사이트 프로젝트를 진행 중이에요. 시작한 지 3주밖에 되지 않았는데 벌써 진도가 한 달이나 뒤떨어졌어요. 그리고 알베르토가 또 제멋대로 행동하고 잠적해서 커뮤니케이션이 제대로 되지 않고요. 웹 사이트 런칭과 관련해서 마케팅 부서는 아무런 답이 없고, 트로픽 썬더 프로젝트 예산 때문에 골치가 아파요. 그리고 오늘 차를 몰고 오는데 엔진에서 괴상하게 '탁탁탁'하는 소리가 들리지 뭐예요. …"

호주 원주민의 전통 악기 디저리두^{didgeridoo} 연주자를 보면, 숨도 안 쉬고 계속해서 공기를 불어 넣는 특별한 능력이 있어 보인다. 순환 호흡이란 입으로 숨을 내쉬면서 코로 숨을 들이마시는 호흡법이다. 한번 시도해보라. 불가능하다는 생각이 들 것이다. 하지만 이 사람은 가능한가 보다. "요즘 신경 쓰는 일이 뭐예요?"라는 질문이 끝없는 그의 고민거리를 무장해제시켰다.

당신은 두 번째 질문도 익혔을 것이다. 하지만 이 단계에서 "그리고 다른 건요?"라고 질문할 리가 없다. 벌써 질렸기 때문이다. 줄줄이 이어지는 온갖 문제를 듣고 점점 불안해진다. 하지만 불안하면서도 만족스럽다. 문제가 이렇게 많으니, 당신이 넘쳐나는 충고로 여러 방면에서 도움을 줄 수 있기 때문이다. 무엇부터 시작할지만 결정하면 된다. 그럼 가장 먼저 언급한 문제부터 시작할까? 아니면 가장 자신 있게 대답할 수 있는 문제부터?

둘 다 아니다. 새로운 습관을 실천해보자. 조언 및 해결책 제시 모드에 돌입하기 전에 핵심을 찌르는 질문을 하는 것이다. "여기서 당신에게 정말 어려운 점이 무엇인가요?"

팝콘을 만들어본 적 있는가? 하나가 "빵" 튀어 오르고 그다음 또 하나가 튄다. 그리고 또 튄다. 그리고 여기저기 마구 튀어오른다. 문제 역시 똑같은 방식으로 확산한다.

직접 일을 하고 싶은 유혹, 수많은 문제 중 하나(물론 어떤 문제를 고를지 나름대로 의견이 있겠지만)를 출발점 삼아서 고르고 싶은 유혹을 접어두자. 그 대신 이런 질문을 하라.

"이 문제 중에 하나를 골라 집중해봅시다. 이 가운데 당신이 정말 어렵게 생각하는 점은 무엇인가요?"

유령 코칭

당신이 진심으로 호기심을 표하며 묻는다.

"요즘 신경 쓰는 일이 뭐예요?"

"존이요."

"존?"

"네, 존. 존 때문에 미치겠어요. 그 사람처럼 별다른 소득 없이 새로운 프로젝트를 무분별하게 좇는 샤이니 오브젝트 신드롬Shiny Object Syndrome에 푹 빠진 사람은 처음 봤어요. 사람이 얼마나 산만한지 무슨 꽃종이랑 일하는 거 같다니까요."

"이런, 좀 더 자세히 말해봐요." (당신이 부추긴다.)

"그건 빙산의 일각이에요. 존은 사실이나 현실을 제대로 인식하지 못해요. 그렇다고 딱히 거짓말을 하는 건 아닌데…. 뭐랄까, 사실과 사실이 아닌 것을 구분하는 경계가 하나가 아니에요."

"세상에, 그리고 다른 건요?"

"내 참! 그리고 지난번에 존이 무슨 짓을 했는지 말했던가요? …"

그렇게 계속된다. 장장 45분 동안 존 얘기만 했다. 물론 무척 신나는 대화였을 것이다. 대화 막바지에는 수많은 결점을 지닌 존에 비해 두 사람 다 자신들이 우월하다고 생각하니 기분이 좋아졌을 것이다. 게다가 당신은 대화 내내 적극적으로 귀를 기울이고 깊은 유대감을 형성했으니 아주 훌륭한 코칭을 한 것 같다.

하지만 이것은 코칭이 아니다. 관리도 아니다. 그냥 수다다. 좀 더 직설적으로 말하면 험담이고 불평에 불과하다. 당신은 눈앞에 있는 당사자만을 코칭할 수 있다는 사실을 알아야 한다. '제3의 존재'(보통 사람이겠지만 프로젝트나 상황일 수도 있다)에 관해 얘기하려니 솔깃하겠지만, 당신의 대화 상대가 어떤 어려움에 부딪쳤는지 알아내는 게 중요하다. 그러니 위 사례에서는 존 자체가 아니라 상대가 존을 관리할 방법을 주제로 삼아야 코칭 대화가 이뤄진다.

핵심을 찌르는 질문 ─ "그럼 여기서 당신에게 정말 어려운 점이 무엇인가요?"— 을 하면 그 목적을 달성할 수 있다.

대화 상대가 어떤 사람(상사에 대한 불만, 고객 응대, 팀원 걱정)이나 프로젝트, 상황(새로운 업무 절차에 대한 불만, 프로젝트 일정에 대한 걱정, 조직 개편의 영향에 대한 걱정)에 관해 끝도 없이 이야기한다.

대화 상대에게 다시 초점을 맞춘다. 무슨 일이 벌어지고 있는지 파악한 다음 핵심을 찌르는 질문을 한다. 예를 들면 이런 식이다.

"○○○(사람 이름이나 상황을 대입하라) 때문에 상황이 어떤지 알 것 같아요. 여기서 당신에게 정말 어려운 점이 무엇인가요?"

추상화와 일반화

당신이 용감하게 시작한다.

"요즘 신경 쓰는 일이 뭐예요?"

"물어봐 주셔서 감사합니다. 최근에 HBR 블로그 포스트를 보셨는지 모르겠는데, 전략과 조직 문화의 갈등에 대해 흥미로운 의견이 올라왔더라고요. 제 생각에는 이게 우리 프로젝트에서 고민하는 내용과 관련이 있는 것 같고, 임원진도 그런 생각을 하는 것 같아서…"

당신은 상대가 곧 본론으로 들어가리라고 생각하며 고개를 끄덕인다.

"사실 저는 문화를 바꾸는 게 어려운 이유는 리더와 실무자가 경험하는 내용에 차이가 있기 때문이라고 생각해요. 그런 현상을 '마라톤 효과'라고 하던데, 리더가 다른 사람들보다 먼저 결승 테이프를 끊고 '경주를 끝내버리는' 경우를 뜻하죠. 에드거 샤인Edgar Schein이 책에서 몇 가지 재미있는 얘기를 했는데…"

당신의 심장이 조금씩 가라앉는다. 영원히 본론이 안 나올 것 같다는 예감이 든다. 이런 종류의 대화가 재미없다는 뜻은 아니다. 사실 흥미진진한 경우가 꽤 많다. 약간 학구적인 토론이나 현 상황에 대한 전반적인 요약 보고에 가깝다. 문제는 그 얘기를 어떻게 하면 명확하게 정의하고 해결할 수 있는 문제로 전환할지가 오리무중이라는 점이다.

이럴 때 핵심을 찌르는 질문을 해야 한다. "그러면 여기서 당신에게 정말 어려운 점이 무엇인가요?"

현 상황의 큰 그림을 그려보는 고차원적인 대화가 한창이다. 말하는 사람은 실제 관련자 같지 않고 참관인 같다. '우리'라는 표현은 많이 나오지만 '나'라는 말은 나오지 않는다. 방향성을 잃고 헤맨다는 느낌이 들면, 문제를 사실에 입각하게 하고 대화 상대에게 연결할 방법을 찾아야 한다. 유령 코칭과 마찬가지로, 눈앞에 있는 사람에게 초점을 옮겨 오는 것이 중요하다.

그러려면 이런 질문을 해야 한다.

"전반적인 문제는 대략 무엇인지 알겠어요. 여기서 당신에게 정말 어려운 점이 무엇인가요?"

'성과'에서 '발전'으로

「대화를 트는 질문」장에서 성과를 끌어내는 코칭과 발전을 돕는 코칭의 차이점을 간단하게 언급했었다.

성과를 끌어내는 코칭은 보통 일상적인 문제 해결 관리에 적용되는 명칭이다. 발전을 돕는 코칭은 단순한 문제 해결을 넘어, 문제를 해결하려는 사람으로 초점을 전환한다. 앞서 언급했듯이 불 자체와 불을 끄려는 사람의 차이다.

질문할 때 말끝마다 최대한 '당신에게'를 붙이기만 해도, 일상 대화를 성과 지향을 넘어 발전 지향적으로 만들 수 있다. 물론 해결할 문제는 아직 존재한다. 하지만 '당신에게'를 붙이면 개인이 추가로 통찰력을 발휘하는 경우가 많고, 그럴수록 성장하고 역량이 향상하기 마련이다.

핵심을 찌르는 질문이 효과적인 이유를 이제 알았을 것이다. 이 질문이 당신에게도 효과적으로 작용하게 만들 팁을 몇 가지 소개한다.

스스로가 도움이 되고 있다고 믿어라

주로 조언하거나 해결책을 제시하다가 질문 위주로 바꾸면 불안해진다. "이건 그냥 질문에 불과하잖아. 사람들이 곧 꿰뚫어 볼 거야."

질문이 끝나고 잠시 조용해지면서, 상대가 대답을 심사숙고하는 아주 짧은 순간을 인정할 수 있어야 한다. 상대의 신경 연결망이 돌아가는 게 보일 정도로 긴장되는 순간이다.

더 안심하고 싶으면 일곱 가지 핵심 질문 중 마지막 질문 ─ "여기서 당신에게 가장 유익한 것은 무엇인가요?" ─ 을 터득해서 대화 상대와 당신 모두에게 도움이 되는 배움의 순간을 창조하자.

충고해야 할 때도 있다

누군가 문을 빼꼼 열고 "서류철이 어디 있는지 알아요?" 하고 물으면 서류철이 있는 장소를 알려주면 된다. 그럴 때 "여기서 당신에게 정말 어려운 점이 무엇인가요?"라고 묻지 말자. 그랬다가는 짜증을 유발할 뿐이다. 관리자와 리더로서 질문에 대답하는 것도 중요한 역할이다. 우리는 습관적으로 성급하게 그 역할에 뛰어드는 일을 자제하려고 할 뿐이다.

두 번째 질문을 기억하라

누군가 말하길 어떤 음식이든 베이컨이 들어가면 더 맛있다고 했다. 채식을 포기한 내가 그 사실을 증명할 수 있다. 이와 마찬가지로 모든 질문에 이 문장을 덧붙이면 더 나아진다. "그리고 다른 건요?"

"여기서 당신에게 정말 어려운 점이 무엇인가요?"는 훌륭한 질문이다. 하지만 "그리고 다른 건요? 여기서 당신에게 정말 어려운 점이 또 뭐가 있나요?"는 더 훌륭한 질문이다.

'당신에게'라는 두 단어

우리는 연구원 린지에게 이 질문에 숨어 있는 과학적 근거를 조사하게 했다. 린지는 사람들에게 초점을 좁혀나가게 했을 때 어떤 장점이 있는지 조사한 연구를 다수 찾아냈다. 앞 장에서 언급한 배리 슈워츠의 『선택의 패러독스』를 여러분도 기억할 것이다. 선택 범위를 제한하면 압박감이 줄고 멀티태스킹의 어려운 말인 복합 시간성polychronicity도 감소한다는 연구 결과가 아주 많다. 하지만 이 질문의 기능은 초점을 맞추고, 자유롭게 창의력을 발휘하게 하고, 질질 끌던 일을 명쾌하게 풀어내는 게 전부가 아니다. 핵심을 찌르는 질문이 큰 효과를 발휘하는 데는 '당신에게'라는 두 단어가 중요한 역할을 한다. 1997년 한 연구에서는 쾌 난해한 수학 문제를 연달아 내면서 문제 설명에 '당신'이라는 단어를 삽입하면 어떤 효과가 발생하는지 조사했다. '당신'이라는 단어를 삽입했을 때 질문을 반복해서 읽는 횟수가 줄었고 문제 풀이 시간도 덜 걸렸으며 정답률도 높아졌다.

이런 사실을 참고로 해서 우리가 하는 모든 질문에 이 표현을 덧붙일 수 있다. '당신에게'를 질문에 덧붙이면 상대가 대답을 더 빠르고 정확하게 찾을 수 있다.

습관 바꾸기 연습

어떤 일이 당신을 예전 행동으로 되돌리는가?

어떤 사람이나 상황, 느낌 등이 당신에게 계기로 작용했던 순간을 적는다.

이 질문에서 말하는 계기는 잘못 짚은 문제에 지나치게 열중할 때이므로 특정 문제에 집중할 때를 적으면 된다. 문제가 무엇인지 파악하는 일이 모호할 때가 많다 보니 문제 해결 방법을 생각하는 쪽이 더 편하겠지만, 바로 여기에 이 질문의 힘이 숨어 있다. 계기다 되는 순간은 다음과 같다.
팀이 어떤 문제나 프로젝트에 관해 논의하다가 해결책을 찾는 데까지 대화가 진전되었거나, 팀원이 어떤 문제로 고민하고 있는데 당신이 보기에는 그 사람이 문젯거리를 제대로 파악했는지 의심스러울 때, 당신이 어떤 어려움에 직면해서 두렵거나 불안하거나 불확실하다는 느낌이 들 때 등이 있다.

더 이상 이런 행동은 하지 말자

그만두고 싶은 예전 습관을 적는다. 구체적으로 써야 한다.

'안개 분사기'로 불리는 당신의 예전 습관은 이러했다.

첫 문제가 진짜 문제라고 생각할 때, 당신이 특정 안건을 고차원적이나 추상적으로 설명해서 사람들이 부정확하게 알고 있을 때, 또는 그들이 제대로 알고 있으리라 당신이 가정할 때, 수많은 안건을 당신이 모두 해결하려고 할 때, 안건이 모두 똑같이 중요해 보일 때, 어떤 문제가 다른 사람이 지닌 문제일 때(혹은 그 사람 자체가 문제일 때), 진짜 문제가 무엇인지 집중해서 생각하지 않고 곧바로 행동으로 옮기려고 할 때 등이다.

앞으로는 이렇게 하자

자신이 원하는 새로운 습관을 적는다.

이렇게 적어 보자.
"당신에게 정말 어려운 점은 무엇인가?"라고 질문하겠다.

질문력 수업

'무엇'으로 시작하는 질문을 고수하라

피터 센게Peter Senge는 1990년대에 『제5경영』으로 선풍을 일으켰다. 책에서 주창한 '학습 조직learning organization' 개념은 전 세계 경영자들의 창의력을 일깨웠다. 피터 센게가 소개한 '5가지 이유' 분석법을 활용하면 특정 상황을 되짚어 보면서 '치명적이고 되풀이해서 발생하는 문제'의 확실한 근본 원인을 찾을 수 있다.

이 주제를 사이먼 사이넥Simon Sinek은 유명한 저서 『나는 왜 이 일을 하는가』에서 이어갔다. 사이넥에 의하면 조직이 사람들에게 — 고객과 직원 모두에게 — 영감을 주고 지속해서 조직 브랜드로 관심을 끌고 싶다면, 그 조직이 왜 존재하는지에 대해 아주 명확한 근본 정체성을 갖고 있어야 한다. 두 저자의 말은 모두 무시하자. 물론 조직 생활을 하다 보면 '왜?'로 시작하는 질문이 필요할 때가 있다. 하지만 당신이 관리하는 사람들과 핵심에 초점을 맞춘 대화를 할 때 '왜'는 금물이다. 그 두 가지 이유를 소개한다.

- 사람들을 방어적으로 만든다. 조금만 목소리 톤이 이상해도 당신의 '왜…?'는 '대체 무슨 생각이었어?' 하며 닦달하는 인상을 준다. 그때부터는 절대로 일이 잘 풀리지 않는다.

- 당신이 직접 문제를 해결하려고 한다. 이유를 묻는 것은 상세 내용을 알고 싶기 때문이다. 상세 내용을 알고 싶은 이유는 문제를 해결하고 싶어서다. 그러다 보면 어느새 과한 의존과 부담의 악순환이 발생한다.

'무엇'으로 시작하는 질문을 고수하고 '왜'로 시작하는 질문을 피하라. 일곱 가지 핵심 질문 중 여섯 가지가 무엇으로 시작하는 질문이라는 사실은 우연이 아니다. 문제를 해결하려는 의도가 아니라면, 굳이 배경을 알 필요는 없다.

상대에게 이유를 묻고 싶은 유혹이 들거든 '무엇'으로 시작할 수 있게 질문을 재구성한다. 예를 들어 "왜 그렇게 했어요?"라고 묻지 않고 "무슨 효과를 기대했어요?"라고 묻는다. "왜 이게 좋은 아이디어라고 생각했어요?"라고 묻지 않고 "이런 조처를 한 이유가 뭐예요?"라고 묻는다. 또한 "왜 이 일에 신경 써요?" 대신에 "여기서 중요하게 생각하는 게 뭐예요?"라고 묻는다.

코칭 실전 연습

첫 세 가지 질문을 결합하여 코칭 대화에서 탄탄한 대본으로 활용해보자. 아래 질문이 상황에 꼭 들어맞을 때가 얼마나 많은지, 막상 사용하면 놀랍기도 하고 즐겁기도 할 것이다.

● **대화 시작하기**
"요즘 신경 쓰는 일이 뭐예요?"
대화를 트기에 완벽한 방법으로, 초점이 분명하면서도 다양한 가능성을 열어두는 질문이다.

● **점검하기**
"다른 신경 쓰이는 일은 없어요?"
다른 걱정거리가 있다면 공유할 수 있게 선택권을 준다.

● **핵심 파악하기**
"그러면 여기서 당신에게 정말 어려운 점이 무엇인가요?"
이미 대화는 깊어졌을 것이다. 무엇을 살펴봐야 가장 효율적일지 판단하는 일이 가장 중요하다.

● **구체화하기**

"그리고 다른 건요(무엇이 정말 어려운가요)?"

분명 상대방은 무엇인가 할 말이 있을 것이다. 하나가 아닐 수도 있다.

● **다시 한번 묻기**

"다른 할 말 있어요?"

이제 당신은 무엇이 중요한지 대부분 파악했다.

● **핵심에 부딪치기**

"그럼…, 당신에게 정말 어려운 점이 무엇인가요?"

본질을
파고드는 질문

04

피터 블록Peter Block은 훌륭한 사상가로, 일터에서 우리가 어떤 행동 습성을 보이는지 연구했다. 그의 저서 『완벽한 컨설팅』은 『긍정이 답이다The Answer to How Is Yes』와 더불어 조직 내에서 무엇인가 목표를 달성하려고 하는 사람이라면 책장 맨 위 칸에 꽂아 두어야 할 책이다. 블록은 자기가 하는 일을 '사람들이 자유를 누리도록 책임을 부여하는 것'이라고 정의했다고 한다. 수많은 질문에 답이 되면서도 많은 의문을 불러일으키는 의미심장한 발언이다. 그 의문 중 하나가 "자유란 무엇인가?"이다. 블록은 아마 어른답게 일터에 나타나고, 주변 상황에 대처할 수 있는 게 자유라고 대답했을 것이다.

본질을 파고드는 질문: "원하는 게 뭐예요?"

"원하는 게 뭐예요?" 자유를 누리려고 책임을 지는 일은 어렵기로 악명 높다. 블록은 어른 대 어른의 관계란 '안 된다는 대답이 돌아올 수 있다는 사실을 알면서도 자신이 원하는 바를 요구할 수 있는 관계'라고 정의했다. 그래서 이 책의 핵심부에 아주 단순하면서도 강력한 질문 "원하는 게 뭐예요?"를 배치한 것이다. 나는 이 질문을 가끔 '금붕어 질문'이라고도 부른다. 눈이 튀어나올 듯 커지고 입은 뻐끔거리는 반응이 나오기 때문이다. 이 질문에 대답하기 어려운 이유는 다음과 같다.

사실 사람들은 자기가 무엇을 원하는지 잘 모른다. 처음에는 금방 대답하더라도 "하지만 **진짜** 원하는 게 뭐예요?"라고 물으면 대부분 갈팡질팡한다. 하지만 본인이 무엇을 원하는지, 진짜 원하는 게 무엇인지 알더라도 실제로 요구하기는 쉽지 않다. 우리는 지금 그런 요구를 할 상황이 아니라는 이유를 만들어낸다. 타이밍이 맞지 않는다거나, 상대가 보나 마나 안 된다고 할 거라거나, 내가 뭐라고 그런 뻔뻔한 요구를 하겠냐고 생각하기도 한다. 이렇듯 원하는 바를 입 밖에 내기는 힘든 일이다.

자신이 원하는 게 무엇인지 알고 그것을 요구할 용기가 있다고 해도, 상대가 이해할 수 있게 분명히 표현하기는 어렵다.

그리고 그 책임은 본인에게 있다. 자기가 원하는 것을 미사여구로 숨기는 데 익숙해졌거나, 덜 중요한 다른 희망 사항에 정신이 팔려서 스스로 진짜 원하는 것이 무엇인지 모를 수도 있다. 아니면 슬쩍 내보였던 아리송한 힌트만으로 상대가 충분히 이해했으리라고 믿거나, 약간 수동 공격적이던 발언 정도면 충분하다고 생각하기도 한다. 당신의 요청 사항이 무시되는 원인이 그 요청을 받는 사람에게 있는 경우도 있다. 어떤 이는 자기만의 목표를 추진한다. 혹은 자신의 신념과 일치하지 않는 정보는 무시하는 확증 편향성 때문에 당신의 말을 완전히 다르게 이해하기도 한다. 듣는 척하면서 사실은 전혀 관심을 기울이지 않는 사람도 있다.

자신이 무엇을 원하는지 알고, 그것을 요청했고, 상대 또한 제대로 귀 기울여 들은 것 같은데도 당신은 당신의 요구에 부응하는 답을 듣기 힘들 수도 있다. 상대는 "네"가 아니라 "**아니요**"이거나 **생각해보겠다, 그러지 말고 이렇게 하면 어떨까** 등으로 대답할지도 모른다. 하지만 반대로 생각해보면 상대가 원하는 것을 요구했을 때 내 쪽에서는 언뜻 이해하기 쉽지 않다. 게다가 꼭 "네"라고 대답할 필요는 없다. 얼마든지 "아니요"라고 하거나 생각해보겠다, 그러지 말고 이렇게 하면 어떠냐고 대답해도 무방하다.

보다시피 "원하는 게 뭐예요?"를 실은 배가 항구를 떠나지 못하는 이유는 셀 수 없이 많다. 조지 버나드 쇼 George Bernard Shaw 가 이를 간결하게 표현했다. "의사소통할 때 가장 큰 문제는 서로 의사가 통했다는 환상을 갖는 것이다." 대화 참여자가 서로 상대가 원하는 바를 안다고 착각하는 경우가 만연하고, 그 때문에 대화가 산으로 가곤 한다.

하지만 희망은 있다. 원츠 wants 와 니즈 needs 가 다르다는 사실을 이해하면 좀 더 원만하게 배가 출항할 수 있다.

원츠와 니즈의 엉킨 실타래 풀기

내가 처음 용돈을 받았을 때 — 호주에서는 용돈을 '포켓 머니'라고 불렀다 — 부모님은 저축의 개념, 원츠와 니즈의 차이점에 대해서 설명해주셨다. 유용한 구분법이었다. 나는 잠깐 생각해본 다음에 마음속으로 이런 결론을 내렸던 것 같다.

원츠: 이것을 갖고 싶다.
니즈: 이것을 가져야 한다.

이렇게 구분하면 이론상 무척 타당해 보인다. 하지만 실제로 모든 것을 더도 말고 덜도 말고 니즈만 채우고 딱 멈추기는 어렵다. 구분 자체가 모호하기 때문이다.

마셜 로젠버그Marshall Rosenberg는 '갈등과 차이를 평화롭게 해결하는 데 필요한 정보를 교환하게 도와주는' 의사소통 프로세스인 '비폭력 대화Nonviolent Communication(NVC)'를 제창했다. 그는 비폭력 대화 모델에서 원츠와 니즈의 차이에 관해 실용적이고 지속 가능하며 새로운 시각을 소개한다.

로젠버그가 세운 모델에서 원츠는 특정 상황에서 작전상 기대하는 결과이자 표면적인 요구 사항이다. 몇 시까지 보고서를 받고 싶다거나 회의에 참석해야 하는지 알고 싶다는 것 등 무엇이든 원츠가 될 수 있다. 이런 정보는 "원하는 게 뭐예요?"라고 질문했을 때 전형적인 반응으로 나타난다.

니즈는 원츠보다 더 깊이 파고든다. 니즈를 파악하면 원츠라는 커튼 뒤에 숨어 있는 인간적인 요인을 이해할 수 있다. 로젠버그는 경제학자 만프레드 막스니프Manfred Max-Neef의 연구를 인용하여 9개의 보편적이고 확실한 니즈가 있다고 말한다.

인간의 보편적인 9가지 니즈

애정	창조	기분 전환
자유	정체성	이해
참여	보호	생계

누군가에게 "원하는 게 뭐예요?"라고 질문했을 때, 상대의 대답에 귀를 기울이고 숨어 있는 니즈를 파악해야 한다. 예를 들어 "부사장님에게 저 대신 얘기를 좀 해주셨으면 좋겠어요."라고 말했다면, 그가 정말 필요로 하는 것은 보호(내가 직접 말하기에는 내 직급이 너무 낮다)나 참여(이 프로젝트에서 당신의 역할을 해줬으면 좋겠다)일 수 있다. "오늘 일찍 퇴근하고 싶어요."라고 말했다면, 실제로는 이해(집에 일이 있어요)나 창조(수업을 들으러 가야 해요)를 요구하는지도 모른다. "이 보고서를 다시 해 왔으면 좋겠어요."라고 한다면, 기본적으로 자유(난 하고 싶지 않아요)나 정체성(내가 상사라는 걸 알아줬으면 좋겠어요), 또는 생계(당신이 이걸 제대로 해야 내가 성공해요) 등이 필요한 것이다.

니즈를 제대로 인식하면 원츠를 제대로 다룰 방법을 더욱 잘 이해할 수 있다. 그리고 처지를 바꿔서 생각해도 유용하다. 당신의 원츠를 어떻게 표현할지 틀을 잡으면서, 그 안에 니즈를 잘 녹여냈는지 점검해보자.

묻고 답하라

나는 그다지 뛰어난 법학도가 아니었다. 수업 시간에 무엇을 들었는지 거의 기억나지 않는데다 교수에게 명예훼손으로 고소당하면서 학업을 중단했다. 얘기하자면 길다.

하지만 내 머릿속에 남아 있는 한 가지 법 지식이 있다. 적법한 계약이 되려면 가치 교환이 꼭 일어나야 한다는 것이다. 이 원칙을 지키면 함께 일하는 사람들과도 탄력적이고 서로 유익한 관계를 쌓을 수 있다는 사실이 밝혀졌다.

단순히 질문만 해도 충분할 때가 있다. 하지만 그 질문에 당신이 생각하는 답을 알려주면 효과가 더 커지기 마련이다. "원하는 게 뭐예요?"는 대단히 강력한 질문이다. 함께 일하는 사람에게 이 질문을 던지는 데 그치지 않고 이에 대한 당신의 대답도 알려줄 경우 질문의 힘은 더욱 강해진다. 이번 장을 시작하면서 언급했던 어른 대 어른의 대화의 속성과도 연결되는 얘기다. 상대가 원하는 바를 서로 이해하면 대화가 더욱 흥미진진하고 뜻깊어진다. 그 이유는 참여와 관련한 신경 과학과도 연관이 있다.

강력한 질문을 만날 때의 뇌의 변화

21세기의 노트북 컴퓨터로 구글 어스를 클릭하면 이제 미지의 땅이 별로 남지 않았다는 사실이 보인다. 원한다면 어느 나라든 찾아갈 수 있다. 심지어 일부 겁 없는 사람들은 지구상에 존재하는 195개 국가를 모두 방문했다.

하지만 아직 세상에는 아직 미지의 영역으로 남아 있는 지식이 존재하며 그중에서도 특히 흥미로운 분야가 뇌를 탐구하는 신경 과학이다. 우리는 기능적 MRI나 뇌파 측정기 같은 정교한 기술 및 창의적인 실험을 통해 리더십의 비밀이 과학에 근간을 두고 있다는 사실을 깨달았다. 우리가 관리하고 영향을 주는 사람들과 관계를 맺으려고 할 때, 진짜 효과가 있는 행동은 무엇이고 없는 행동은 무엇인지 조금씩 알아가고 있다.

우리는 현재 이 책의 심장부에서 핵심을 찌르는 질문을 다룬다. 지금이야말로 참여의 신경 과학을 들여다보면서 당신의 코칭 습관과 뇌를 연결해볼 완벽한 타이밍이다.

1초에 다섯 번

뇌의 근본적 구성 원리는 '위험과 보상 반응risk—and reward response'이다. 1초에 다섯 번씩 우리 뇌는 무의식적으로 주변 환경을 살

피고 자문한다. '여기는 안전한가? 아니면 위험한가?'

물론 뇌는 안전을 좋아한다. 뇌는 자기가 안전하다고 느끼면 대단히 정교하게 작동한다. 좀 더 섬세하게 판단하며, 기민하게 불확실성을 파악하고 관리한다. 기본적으로 주변의 의도가 선하다고 가정하며 집단 지성을 잘 활용한다. 주변과 소통하며 앞으로 나아간다.

뇌가 위험을 감지하면 전혀 다른 반응이 나온다. '편도체 납치'라고도 불리는 친숙한 개념인 '투쟁─도피 반응fight-or-flight response'이 뇌에서 일어난다. 만사가 흑백논리로 변하는 것이다. '사람들'이 내 편이 아니라 적이라고 가정한다. 뇌의 의식 영역을 이용하기가 힘들어지고 비유적으로, 사실 말 그대로도 툭하면 뒷걸음질 치게 된다.

이런 과정은 균형 잡힌 결정이 아니다. 분명히 진화론에 따르면 인간은 상황이 안전하기보다는 위험하다는 편견을 갖는다. 편견이 틀릴 수도 있지만, 인류가 진화하는 과정에서 '후회하느니 미리 조심하는 게 낫다'는 성공적인 생존 전략이었다.

다시 말해서 어떤 상황이 모호하다는 생각이 들면 안전하지 않다고 판단하게끔 기본 설정이 돼 있다는 뜻이다. 그렇게 판단하면 뒷걸음질을 치기 마련이다.

뇌가 상황을 판단하는 4가지 요인 'TERA' 활용하기

눈코 뜰 새 없이 바쁘고 야심에 찬 관리자인 당신은 시험대에 올랐다. 당신은 교류하는 사람들 — 팀, 상사, 고객, 공급자 등 — 이 뒷걸음질 치기보다는 참여하기를 원한다. 내 사람들이 나와 일하는 것을 위험이 아니라 보상이라고 느끼기를 바란다. 또한 당신 자신도 안전하다고 느끼고, 투쟁-도피 모드보다는 가장 기민한 상태를 유지하고 싶다.

본인과 다른 사람의 뇌에 영향을 주어서 주변 상황이 위험하지 않고 이롭다고 판단하게 하려면 어떻게 해야 할까? 뇌가 상황을 판단할 때는 네 가지 주요 요인 뇌가 상황을 판단하는 4가지 요인 'TERA' 활용하기 작용한다. TERA에 초점을 맞춰서, 환경에 영향을 주고 사람들의 참여를 끌어낼 방법을 찾아보자.

- T는 '무리^{tribe}'를 뜻한다. 뇌가 묻는다. "당신은 내 편인가, 아니면 적인가?" 상대가 자기 편이라고 인식하면 뇌는 TERA 지수를 높인다. 그 반대로 판단하면 TERA 지수를 낮춘다.
- E는 '예측^{expectation}'을 뜻한다. 뇌가 판단한다. "앞으로 발생할 일을 내가 아는가, 모르는가?" 앞으로 벌어질 일이 확

실할 경우 뇌는 상황이 안전하다고 느낀다. 그렇지 않으면 위험하다고 느낀다.

- R은 '지위rank'를 뜻한다. 지위는 상대적인 존재로, 공식적인 직함보다는 그 순간 세력이 펼쳐지는 양상에 달려 있다. 뇌는 이렇게 질문한다. "당신은 나보다 더 중요한 사람인가, 덜 중요한 사람인가?" 상대가 내 위치를 약하게 만들 경우 뇌는 상황이 안전하지 않다고 느낀다.
- A는 '자율성autonomy'을 뜻한다. 다니엘 핑크Daniel Pink는 명저 『드라이브』에서 자율성이 얼마나 중요한지 역설했다. "나에게 선택권이 있는가, 없는가?" 뇌는 어떤 상황에 부딪쳐도 자신의 자율성 수준을 가늠하면서 묻는다. 스스로 선택권이 있다고 생각하면 주변 환경은 보상이 따르는 곳이므로 참여할 대상으로 인식한다. 선택권이 없다고 생각하면 불안해진다.

항상 TERA 지수를 최대한 끌어올려야 한다. 그래야 대화 상대는 물론 본인에게도 유익하다. 일반적인 질문을 한 다음 구체적으로 "원하는 게 뭐예요?"라고 물으면 된다.

이 질문은 당신이 상대에게 무엇을 하라고 명령하기보다 문제를 해결하게 도와줘야 한다는 동류의식을 강화한다. 그러면 상대는 자신의 자율권이 높아졌다는 느낌을 받으며 — 당신이 그가 답을 찾으리라고 믿어줄 뿐만 아니라 그렇게 하도록 격려하기 때문이다 — '발언권'과 먼저 시도할 기회를 얻었으니 그의 지위 또한 올라가게 된다. 이처럼 "원하는 게 뭐예요?"라는 질문은 지위와 자율성 요인에 크게 영향을 미친다. 다른 요인인 예측에는 영향력이 덜하지만(질문은 답에 비해 모호하기 때문이다), 그래도 괜찮다. 여기서 목표는 전반적인 TERA 지수를 올리는 것이며, 질문으로 충분히 지수를 올릴 수 있다.

목적지를 보고 나면 과정은 쉬워진다

우리 연구원 린지에게 질문 "원하는 게 뭐예요?"를 파헤쳐보라고 하자 그는 심리 치료의 세계를 소개했다. 나는 주저하며 그 세계에 들어섰다. 다양한 형태의 치료 요법은 다른 사람에게 개입하는 데 대단히 효율적인 방법이겠지만, 관리자가 조직 생활을 하면서 활용할 수 있는 여지는 별로 없다.

하지만 치료 요법 학계에서 '해결 중심 solution-based' 치료로 알려진 것에서 시사점을 찾을 수 있었다. 그 치료법에서는 항상 기적 질문 miracle question을 활용한다. 몇 가지 변형 질문이 존재하지만 근본적으로 이런 내용이다. "오늘 밤 자는 동안 기적이 일어난다고 해보자. 내일 아침에 일어났을 때, 갑자기 내 삶이 예전보다 좋아졌다고 느끼려면 어떤 모습이어야 하겠는가?"

기적 질문은 더 나은 상태(혹은 **훨씬** 더 나은 상태)가 실제로 어떤 모습인지 더욱 대담하게 상상하도록 도와준다. 10%가 아니라 10배 개선하는 것이다. 하지만 이 질문이 정말 훌륭한 이유는 수단을 생각하기 전에 의도적으로 결과에 초점을 맞추기 때문이다. 다시 말해서 다음 단계를 '어떻게' 할지 생각하는 바람에 결과가 '무엇'인지 놓치고 금방 좌절하기보다는(그런 경우가 많다) 마음속으로 목표부터 그리면서 시작한다는 뜻이다.

본질을 파고드는 질문 ― "원하는 게 뭐예요?" ― 은 간접적이기보다는 직접적인 질문이다. 하지만 사람들을 결과 쪽으로 끌어당기는 효과가 있으며, 한번 목적지를 보고 나면 과정은 한결 쉬워지곤 한다.

습관 바꾸기 연습

어떤 일이 당신을 예전 행동으로 되돌리는가?

어떤 사람이나 상황, 느낌 등이 당신에게 계기로 작용했던 순간을 적는다.

당신이나 상대방, 또는 대화 자체가 어딘가 막혔다고 느껴질 때가 된다. 몇 가지 대안을 놓고 빙빙 돌고 있지만 무엇 하나 딱 맞지도, 흥미롭지도, 내키지도 않을 때를 적는다. 누군가 (또는 당신이) 행동하지 않고 우물쭈물하는 이유를 모를 때도 해당한다. 팀원이나 상사, 고객, 공급자 등 누군가와 대화할 때 조금이라도 걱정스러운 순간 전부가 대상이 된다. 어쩌면 그 대화는 궤도를 벗어났고 사실 제대로 시작되지도 않았을 것이며, 당신은 지금 어떻게 하면 다시 정상화할 수 있을지 고민 중일 것이다.

더 이상 이런 행동은 하지 말자

그만두고 싶은 예전 습관을 적는다.

다른 사람이 무엇을 원하는지 내가 알고 있다는 생각은 예전 습관에 존재하는 덫이다. 가끔 자기가 원하는 것을 스스로 안다고 생각할 때도 있다. 그러므로 여기서 그만두고 싶은 예전 습관은 이러하다.

다른 사람이 무엇을 원하는지 내가 확신하는 것, 무엇인가 잘못됐다는 생각이 드는데도 그 일을 계속 진행하는 것이다. 당신의 아이디어나 의견, 행동 방침을 행동에 옮기려고 하는 것을 적을 수도 있다. 어딘가 막히는 바람에 실행하기가 힘든데 그 이유를 모르는 것도 그에 해당한다.

앞으로는 이렇게 하자

자신이 원하는 새로운 습관을 적는다.

당신이 원하는 것은 무엇인지 생각해보며 적는다.
"원하는 게 뭐예요?"라고 질문할 것이다.

질문력 수업

침묵을
어색해하지 마라

누군가에게 일곱 가지 핵심 질문을 하나 하면, 가끔 침묵이 따라온다. 이 침묵은 온 공간을 가득 채우고 끝없이 이어진다. 이때 '끝없이'라는 건 길어 봤자 3~4초다.

하지만 영화 <매트릭스>에서 사용된 '불릿 타임bullet time' 효과처럼 모든 것이 느려지는 그런 순간에는 그 공허를 채우고 싶은 마음이 간절해진다. 실존적인 불안은 제쳐두자. 침묵이 성공의 척도가 될 때가 많다.

당신이 코칭하고 있는 사람은 말을 하기 전에 머릿속에서 잠깐 생각을 해야 하는 유형일 수도 있다. 그럴 때는 시간을 주면 된다. 혹은 나처럼 뭐라고 말할지 미처 생각하기 전에 대답부터 하는 사람도 있다.

어떤 경우든 침묵이 발생한다는 것은 상대가 생각하면서 대답을 찾고 있다는 뜻이다. 그는 새로운 신경 회로를 창조하고 있고, 그 작업을 통해 자기 가능성과 역량을 실제로 끌어올리고 있다.

입을 다물고, 침묵을 깨뜨리지 마라. 물론 불편하겠지만 침묵 속에서 학습이 일어나고 통찰력이 발생한다. 만약 질문을 했는데 상대가 2초 이내에 답변을 하지 못하더라도 다른 질문을 하거나, 방금 했던 질문을 다르게 하거나 혹은 무엇인가 제안하거나 아무 말이나 해서 그 침묵을 깨려고 애쓰지 마라. 숨을 들이마시고 3초 동안 열린 마음으로 조용히 기다려보자.

게으른 질문

05

당신의 '도움'이 피로와 좌절을 만든다

당신은 좋은 사람이고, 자기 사람이 잘되게 최선을 다하고 있다. 또한 '가치를 높이고' 쓸모 있는 사람이 되고 싶다. 자신이 기여하고 있다는 느낌을 받기를 원한다. 실제로 도움이 될 수도 있지만 한편으로 당신은 끼어들어서 대신해준다는 의미에서 도와주고 있는 것일 수도 있다. 후자의 덫에 걸리는 경우는 비일비재하다. 그러면 모든 사람 ― 당신, 그리고 당신이 '돕는' 사람과 조직 ― 은 돕고 싶다는 당신의 마음 때문에 대가를 치른다. 당신의 좋은 의도가 피로와 좌절을 만들고 역설적으로 영향력을 줄이면서 끊임없는 악순환의 원인이 된다.

에드거 샤인은 명저 『헬핑』에서 도움의 역설을 파헤쳤다. 이 책에서 가장 중요한 통찰은 당신이 누군가를 돕겠다고 할 때는 자신과 상대방을 차별화한다는 사실이다. 즉 굳이 의도하지 않더라도 내 위치를 높이고 상대의 위치를 낮추게 된다는 것이다. 순수한 의도에서 남을 도우려고 할 때가 많기 때문에 언뜻 이해가 안 될 수도 있다. 하지만 당신이 돕겠다고 나선 상대방의 처지에서 생각해보면 그 말이 쉽게 이해된다. 당신이 '도움'을 받으라고 강요받았을 때를 돌이켜보면 저항과 불만, 권한을 박탈당한 느낌, 짜증 등 무척 복합적인 심정이었을 것이다.

왜 이런 일이 생길까? 그리고 어떻게 하면 현명하게 접근해서 상대에게 실제로 도움이 될 수 있을까? 그 답을 시작할 훌륭한 출발점은 삼각형이다.

리더의 최선이 최악의 결과를 만들 때

'교류 분석Transactional Analysis'은 살짝 유행에 뒤떨어진 상담 기법으로 우리의 자아에 '부모—아이'나 '어른—어른' 같은 명칭을 부여했다. 대단히 흥미로운 개념이지만 조직에 직접 적용하기는 불가능에 가깝다. 상담과 관련된 용어가 너무 많기 때문이다. 하지만 '드라마 삼각형Drama Triangle'은 스티븐 카프만Stephen

Karpman이 교류 분석을 실용적으로 해석한 모델로서, 이 기법을 더 유용하게 활용할 수 있게 해준다.

드라마 삼각형에서는 우리가 상호 작용하는 상대 대부분에게 적어도 가끔은 부정적인 역할을 한다고 가정한다. 문제 있는 일곱 난쟁이(삐짐이, 투덜이, 고함이, 괴팍이, 엄살이, 예민이, 심술이)가 무엇인지 잘 모르더라도, 그런 역할을 해본 적 있다면 대충 감이 올 것이다.

카프만은 우리가 전형적인 세 가지 역할 — 희생자, 박해자, 구원자 — 을 돌아가며 하나씩 한다고 주장했다. 하나같이 도움은 안 되고 역기능을 하는 역할이다. 아래 각 역할에 대한 설명을 읽으면서 두 가지 사항을 염두에 두기 바란다. 특정 역할을 특히 잘하는 인물을 머릿속에 떠올리고, 당신은 각 역할을 어떤 상황에서 하는지 생각해보자.

희생자

- **핵심 신념**: "내 인생은 너무 힘들고 불공평해. 난 너무 불쌍해."
- **원동력**: "그건 내 잘못이 아니야(그 사람들 잘못이지)."
- **이 역할의 장점**: 자신은 문제를 해결할 책임이 없고 주로 불평만 한다. 구원자를 끌어들인다.

- **이 역할이 치르는 대가**: 무엇인가 바꿀 수 있다는 생각을 하지 못한다. 희생자는 아무것도 변화시키지 못한다. 또한 무능력하기로 악명이 높다. 하지만 아무도 이렇게 앓는 소리 하는 사람을 좋아하지 않는다.
- **막막한 이유**: "아무 능력도 영향력도 없는 것 같아서 막막해. 내가 쓸모없는 인간 같아."

박해자

- **핵심 신념**: "내 주변에는 바보, 멍청이, 나보다 못한 사람밖에 없어."
- **원동력**: "그건 내 잘못이 아니야(네 잘못이지)."
- **이 역할의 장점**: 자신이 우월하게 느껴지고 권력과 통제력을 쥐고 있는 것 같다.
- **이 역할이 치르는 대가**: 결국 모든 일에 책임을 져야 한다. 희생자를 만들어낸다. 쓸데없는 것까지 하나하나 챙기는 관리자로 악명 높다. 사람들은 박해자의 눈치를 봐서 최소한 필요한 일만 하려고 한다. 하지만 아무도 깡패를 좋아하지 않는다.
- **막막한 이유**: "아무도 믿지 못하니 막막해. 혼자라는 느낌이야."

구원자

- **핵심 신념**: "싸우지 마. 걱정할 필요 없어. 내가 끼어들어서 해결해줄 테니까."
- **원동력**: "그건 내 잘못이야(네 잘못이 아니야)."
- **이 역할의 장점**: 도덕적으로 우월감이 느껴지고, 스스로 꼭 필요한 사람이라고 믿는다.
- **이 역할이 치르는 대가**: 사람들이 구원자의 도움을 거부한다. 희생자를 만들어내고, 드라마 삼각형을 영원히 유지한다. 하지만 아무도 참견쟁이를 좋아하지 않는다.
- **막막한 이유**: "아무리 남을 구해줘도 소용이 없어서 막막해. 어깨가 무거워."

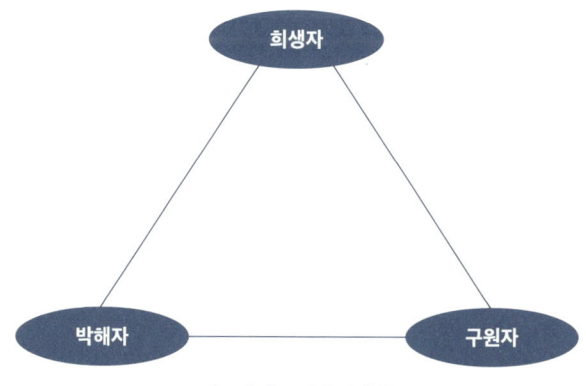

카프만의 드라마 삼각형

이 세 가지 명칭이 사람 자체를 설명하는 것은 아니다. 그 사람이 주어진 상황에서 어떻게 행동하는지 묘사할 따름이다. 날 때부터 희생자나 박해자, 구원자인 사람은 없다. 계기가 생기면 어쩔 수 없이 이런 역할을 하게 될 뿐이다. 하지만 효율적인 역할로는 볼 수 없다.

당신의 역할은 무엇인가

우리는 늘 모든 역할을 골고루 한다. 누군가와의 한 번의 교류에서 우리는 희생자가 되었다가 구원자가 되었다가, 박해자가 되었다가 다시 희생자가 되었다가 하며 이 모든 역할을 순환할 때도 많다. 이해를 돕기 위해, 내가 강연을 끝낸 다음 고객과 할 법한 가상 대화를 소개한다.

나: (고함치며) "회의실 세팅이 완전히 엉망이에요! 제가 요청 사항 미리 전달했잖아요. 그대로 설치하는 게 그렇게 어렵습니까? 도넛만 해도 그래요. 사람들한테 도넛 좀 주지 마세요. 강연은 이제 15분 이내에 시작이라고요!" → 박해자

고객: (투덜거리며) "진행 요원들한테 요청 사항 문서 전달했는데, 그 사람들은 정말 답을 잘 안 해줘요. 그리고 이 학회 전

체를 아무 도움 없이 저 혼자 준비했단 말입니다." → 희생자

나: (체념해서) "걱정하지 마세요. 회의실은 그냥 제가 다시 배치하고 기술 팀한테 세팅하라고 할게요. 그리고 달걀 요리를 해서 참석자 전원에게 줄 거예요." → 구원자

고객: (불만에 차서) "그쪽 같은 스타 강연자는 다 이런 식이죠. 우리가 이미 돈을 엄청나게 지급했는데 당신은 모든 게 '토씨 하나 안 틀리고' 그대로 준비되어야 하고, 마음에 안 들면 언제든 자기 마음대로 하고요." → 박해자

나: (투덜거리며) "그냥 강연을 잘하고 싶을 뿐이에요. 회의실을 제대로 세팅하는 게 얼마나 어려운지 아무도 이해 안 해주고, 그렇게 하려고 하면 다들 싫어하죠." → 희생자

그리고 이 예시보다 역할이 빨리 바뀔 수도 있다. 당신 팀에서 가장 거슬리고, 지금 이 순간에도 당신을 힘들게 하는 인물을 떠올려보라. 당신이 박해자로 끼어들었다가(이 사람들 때문에 정말 미치겠네!), 피해자가 되었다가(이건 정말 불공평해. 다른 팀으로 보내버릴 수 없을까?), 구원자가 되는 일(그냥 이 사람들이 제대로 할 수 있을 때까지 내가 대신 일을 해야겠어)이 순식간에 그리고 동시에 일어났던 경험이 떠올랐는가?

그래도 누구나 가장 선호하고, 기본적으로 맡게 되는 역할이

있기 마련이다. 내가 가르쳤던 사람들과 비슷하다면, 당신은 어떤 역할이 정체성에 가깝냐는 질문에 구원자를 고를 것이다.

내가 가르쳤던 사람들에게 가장 많이 맡는 역할을 물어보면 그들 대부분은 구원자를 고른다. 그들과 비슷하다면 당신도 구원자일 가능성이 높다. 그리고 본인의 기본 역할이 구원자가 아니더라도, 어떤 역할인지는 틀림없이 잘 알리라고 생각한다.

우리가 구원자 모드에 있을 때는 끊임없이 문제를 해결하려고 덤비고 조언을 하겠다고 끼어들며, 마땅히 다른 사람이 져야 할 책임을 떠맡는다. 우리는 선의에서 이런 일을 한다. 그냥 도움을 주고, 관리자로서 '가치를 높이고' 싶을 뿐이다. 하지만 우리는 구원자와 희생자가 양쪽에서 어떤 대가를 치르는지 이미 알고 있다. 당신은 지치고 그들은 짜증이 난다. 당신은 함께 일하는 사람들이 성장할 기회와 뻗어 나갈 가능성을 제한한다. 더 심하게 말하면 희생자가 구원자를 만드는 게 아니라(그것도 일부는 사실이다), 구원자가 희생자를 만들어낸다는 사실을 당신도 지금쯤 이해했을 것이다.

더 나은 실패를 하라

시간이 빠듯한 관리자가 지나치게 열심히 일하는 패턴을 깨뜨릴 효과적인 첫 단추를 끼워보자. 드라마 삼각형 패턴을 살펴보면 된다. 일단 계기가 무엇인지 이해해야 습관을 고친다.

나쁜 소식이 있다. 사실 당신은 앞으로도 평생 드라마 삼각형에 계속 빠져들 운명이다.

좋은 소식도 있다. 이 패턴이 등장했다는 사실을 더 빠르게 더 자주 깨닫고, 더 잘 깨뜨리게 될 것이다.

사뮈엘 베케트Samuel Beckett가 이를 가장 잘 표현했다. "실패하라. 괜찮다. 다시 시도하라. 다음에는 더 나은 실패를 하면 된다."

자신이 드라마 삼각형에 갇혔다는 사실을 빨리 인식하면 더 나은 실패를 할 수 있고, 게으른 질문("무엇을 도와줄까요?")을 하면 삼각형에서 더 빨리 빠져나올 수 있다.

게으른 질문: "무엇을 도와줄까요?"

"무엇을 도와줄까요?"의 장점은 두 가지다. 첫째, 상대에게 직접적이고 명확하게 요청하라고 압박한다. 이는 그에게도 도움이 된다. 왜 당신과 이 대화를 시작했는지 100% 확신하지 못할 가능성이 있기 때문이다. 물론 무엇인가 원하는 게 있겠지만, 당신이 질문하기 전까지는 그것이 정확히 무엇인지 확실히는 몰랐을 것이다. 알았다고 하더라도 이 질문은 당신에게도 유용하다. 사실 어떤 경우든 유용하기는 마찬가지다. 이제 그 요구를 존중할지 결정할 수 있기 때문이다.

둘째(더 큰 장점이다), 상대를 도울 가장 좋은 방법을 내가 알고 있다고 생각하고 섣불리 행동에 옮기는 일을 막아준다. 이는 전형적인 구원자 역할이다. "그리고 다른 건요?"와 마찬가지로, 이 질문은 당신을 호기심에 넘치고 게으른 사람으로 유지해주는 자기 관리의 도구다. 우리는 다른 사람이 원할 법한 일을 하느라 지나치게 많은 시간을 보낸다. 가끔 완전히 잘못 짚을 때도 있는데, 그럴 때가 최악은 아니다. 완전히 잘못 짚은 일은 상대적으로 빠르게 정리가 되기 때문이다. 아주 약간 틀렸을 때가 더 위험하다. 다른 사람들이 원할 것 같은 일을 하고 있지만 충분히 유용하지는 않고, 그렇다고 그만두라는 소리를 들을 만큼 잘못되지도 않은 경우 말이다.

직설적으로 질문하라

"무엇을 도와줄까요?"의 직설적인 버전은 "내가 어떻게 해주길 바라요?"다. "무엇을 도와줄까요?"가 턱시도를 입은 제임스 본드라면, "내가 어떻게 해주길 바라요?"는 악의 소굴을 박살 내고 뛰쳐나오는 본드다. 이 질문은 대화를 분해해서 본질을 이해하고자 한다. 당신은 무엇을 원하는가? 나는 무엇을 원하는가? 그럼 이제 우리가 어떻게 해야겠는가?

여러분도 짐작했겠지만, "내가 어떻게 해주기를 바라요?"가 어떻게 받아들여질지는 질문하는 목소리 톤도 적지 않은 영향을 준다. 드라마 삼각형과 연결해보면 당신이 박해자 모드일 때는 공격적으로 들리고 희생자 모드일 때는 투덜거리는 투로 들리며, 구원자 모드일 때는 숨 막히는 기분이 들 것이다.

다른 모든 질문과 마찬가지로, 이 질문을 부드럽게 하려면 "궁금해서 하는 말인데" 같은 표현을 쓰면 좋다. 이런 표현을 사용하면 취조가 아니라 좀 더 의미 있는 조사 작업을 하는 듯한 느낌을 준다. 이렇게 질문을 부드럽게 해주는 표현은 "그냥 알고 싶어서 그러는데…", "더 잘 이해하고 싶어서 그러는데…" 등이 있다. "내가 제대로 이해했는지 확실히 해두고 싶어서 하는 말인데…"도 좋다.

안 된다고 대답할 용기

"무엇을 도와줄까요?"라고 질문하기에 앞서, 사람들은 어떤 답변이 나올지 예측하기 힘들다는 점을 가장 걱정한다.

- "이 끔찍한/불합리한/불가능한 일을 해주셨으면 좋겠어요."
- "제가 피하고 있는 어려운 대화를 해주셨으면 좋겠어요."
- "가진 예산을 전부 저한테 주실 수 있나요?"

- "책무가 이미 엄청나게 쌓여 있지만 여기 하나 더 드립니다."

상대가 어떤 대답을 하든 당신에게는 다양하게 대응할 방법이 있다는 사실을 꼭 알아야 한다. 물론 "좋아요."도 가능하다. 언제든 좋다고 대답할 수 있다. 하지만 꼭 그렇게 대답할 필요는 없다. 꼭 긍정적으로 대답해야 한다는 의무감이 불안을 일으키기 마련이다.

"아니요, 그건 안 돼요."라고도 대답할 수 있다. 안 된다고 대답할 용기를 갖는 것도 지나치게 남을 도우려고 드는 습관을 멈출 방법이다.

"그건 할 수 없지만…, 대신에 ○○(제안을 대입하라)은 할 수 있어요"는 좋은 절충안이다. 그냥 안 된다고 하기보다는 다른 선택권을 주는 게 좋다.

마지막으로, 그냥 시간을 좀 벌 수도 있다. "생각 좀 해볼게요." "글쎄요, 몇 가지 확인해봐야겠어요."

구원자의 덫을 피하는 방법

누군가 당신에게 현재 상황을 이야기할 때, 충고나 해결책을 제시하고 싶은 유혹에 저항하기란 쉬운 일이 아니다. "○○은 어떻게 할까요?"나 "○○에 제가 무엇을 해야 할까요?"처럼 조언을 노골적으로 구하는 질문을 받을 때는 도리가 없는 것 같다. 이런 질문은 쥐덫에 놓인 치즈, 모기 퇴치기의 빛, 찬장에 들어 있는 초콜릿 덩어리처럼 유혹적이고 위험하다. 당신은 무슨 일이 벌어지는지 깨닫기도 전에 이미 대답을 내놓고 있을지도 모른다.

물론 충고가 필요할 때와 장소가 있다. 답을 주는 일 자체를 피하는 게 목표가 아니다. 사람들이 스스로 자기 답을 찾게 만들어야 한다. 예를 들어 새로운 습관을 들여보자.

누군가 전화를 하거나, 내 자리에 들르거나, 사무실 저편에서 고함치거나, 문자 메시지를 보내서 "○○(농간에 가까운 요청을 대입하라)은 어떻게 할까요?"라고 질문한다. 예전이라면 그냥 답을 말해주었을 것이다.

그러나 앞으로는 이렇게 하자. "좋은 질문이에요. 몇 가지 공유하고 싶은 아이디어가 있긴 한데, 먼저 물어볼게요. 어떻게 하는 게 좋겠어요?"라고 말한다. 그리고 상대방이 대답하면 고개를 끄덕이고 관심 있게 귀를 기울인다. 말이 끝나면 이렇게 말한다. "그거 좋네요. 그리고 다른 건 뭘 할 수 있겠어요?" 고개를 더 열심히 끄덕이고, 더 열심히 귀를 기울인다. 그런 다음 말한다. "좋은 생각이에요. 더 해볼 만한 다른 건 없을까요?"

이 과정을 모두 거친 다음, 필요하다면 당신의 생각을 덧붙인다. 물론 대화가 잘 진행될 경우에는 상대방의 아이디어가 다 떨어질 때까지 "그리고 다른 건요?"라고 계속 질문한다.

반응의 폭을 넓히는 대화

앞서 「가능성을 여는 질문」 장에서 의사가 환자가 말하는 데 끼어들기까지 평균 18초밖에 걸리지 않는다고 언급했다. 하지만 우리 박스오브크레용 연구원은 의사라고 해서 모두 대화 예절이 부족한 사람만 있는 것은 아니라는 연구 결과를 발견했다.

린지는 환자와 대화를 시작할 때 다양하게 접근하는 방법을 연구한 사례를 찾아냈다. 이 연구에서 어떤 의사들은 "어디가 불편하세요?" 같은 일반적인 질문으로 대화를 시작하지만 어떤 의사들은 "오늘 부비강이 불편해서 찾아오셨죠?"처럼 구체적인 질문을 했다. 일반적인 질문을 받은 환자는 무엇이 걱정인지 상세하게 설명했고, 개별적이고 구체적인 증상을 많이 언급해서 진짜 문제를 발견할 가능성이 높았다. 뜻밖의 보너스도 있었다. 일반적인 질문을 한 의사가 환자에게 높은 평가 점수를 받았다.

게으른 질문, 일반적인 질문으로 대화를 시작하면 더 효율적일 뿐만 아니라 존경까지 받는다는 사실을 과학이 알려준다.

제대로 된
대답을 얻고 싶다면
제대로 된
질문을 하라.

바네사 레드그레이브 Vanessa Redgrave

습관 바꾸기 연습

어떤 일이 당신을 예전 행동으로 되돌리는가?

어떤 사람이나 상황, 느낌 등이 당신에게 계기로 작용했던 순간을 적는다.

당신이 얼마나 돕고 싶은지가 계기가 된다.
무엇이 당신에게 불을 붙이는가? 불붙는 순간은 "○○은 어떻게 할까요?"나 "○○을 해주실 수 있나요?", "○○을 할 방법은 무엇인가요?" 같은 질문을 받을 때일 가능성이 높다. 또는 누군가 사무실에 들어와서 상황을 설명했는데, 아주 완벽한 해결책이 당신 머릿속에 떠오를 때일 수도 있다. 팀 회의에서 그런 일이 발생하기도 한다. '이건 내가 하는 게 빠르겠다' 싶은 생각이 들 때도 있다. '이것'이 무엇인지 확실하지 않더라도 말이다. 요컨대 끼어들거나 도와주거나, 자진해서 뭔가 해주고 싶은 충동을 느끼는 순간이 모두 계기가 된다. 들인 시간과 노력, 선의를 생각하면 참 안타깝지만, 사실 당신이 주려는 것을 사람들은 원하지도 필요로 하지도 않을 수도 있다.

더 이상 이런 행동은 하지 말자

그만두고 싶은 예전 습관을 적는다. 구체적으로 써야 한다.

성급하게 도움 모드, 행동 모드로 뛰어드는 습관을 적는다.
해결책을 제시하고, 답을 주고, 할 일 목록에 무엇인가 추가하는 행위가 여기에 해당한다. 분명히 요청받은 것도 아니면서 당신은 상대가 무엇을 요청할지 안다고 가정할 때가 있다. 그러니 스스로 책임을 지려고 하는 순간을 적으면 된다.

앞으로는 이렇게 하자

자신이 원하는 새로운 습관을 적는다.

명확성을 더해주는 질문을 한다.
"무엇을 도와줄까요?"라고 물을 것이다. 아니면 더 직설적으로 "내가 어떻게 해주길 바라요?"라고 할 수도 있다.

질문력 수업

상대방의 대답에
진심으로
귀를 기울여라

당신은 일곱 가지 핵심 질문 중 하나를 던졌다. 그런 다음 아주 적극적인 경청 모드에 돌입한다. 튼튼한 스프링이 달린 흔들 머리 인형처럼 머리를 까딱거린다. 격려하는 의미로 작게 추임새를 넣기도 한다. 어떻게 해서든 계속 시선을 마주친다.

하지만 당신의 머릿속에서는 딴생각이 폭풍처럼 몰아친다. 이다음에 무엇을 질문할지 걱정이다. 아니면 어떻게 하면 대화를 빨리 마무리할지 생각 중이다. 오늘 밤 요리 당번이 당신인지, 찬장에 마늘이 충분히 있을지, 아니면 집에 가는 길에 사 가야 할지가 고민이 될 수도 있다.

어느 쪽이든, 반복적이고 무의미한 습관에서 벗어나야 한다. 질문한 다음

취해야 할 가장 효과적인 행동은 진심으로 대답에 귀를 기울이는 것이다.
친구여, 계속 호기심을 보이길 바란다.

전략적
질문

06

바쁜 것은 성공의 척도가 아니다

자기가 하는 일을 정말 사랑하는지 어떻게 알 수 있을까? 그런 일을 하면 일 자체에 홀딱 빠져서 신이 난다. 그런 일은 단순히 변화를 일으키고 성과를 낼 뿐 아니라, 당신에게도 특별한 의미가 있다. 솔직히 처음 이 직장에 고용되었을 때 하고 싶었던 일일 것이다.

하지만 뚜껑을 열어보자 온갖 **다른** 일이 몰려든다. 박스오브크레용에서는 좋은 일(일상적으로 처리해야 하며 업무 기술서에 있을 법한 일)과 위대한 일(더 의미 있고 영향력 있는 일)을 구분한다. 조직과

구성원이 좋은 일을 줄이고 위대한 일을 더 하게 만드는 것이 우리 목표다.

당신과 당신의 팀원들이 위대한 일을 지금보다 10%만 더 많이 한다면 상황이 어떻게 바뀔지 짐작이 가리라고 믿는다. 하지만 솔직히 누가 그럴 시간이 있겠는가? 게으른 질문("무엇을 도와줄까요?")을 다루는 장을 읽으면서, 실제로 상대가 그 질문에 대답하면 어떡하나 좀 불안해졌을 것이다. 이미 당신에게는 이메일이며 회의, 보고서, 운동, 독서, 가족 행사 등이 밀려 있다. 지금도 전력을 다해 일하고 있는 셈이다. 그런데 여기서 무엇인가 추가로 하라는데 어떻게 그러겠다고 하겠는가?

"좋은 쪽으로 바쁜 거야" 금지

그 와중에 곤란한 일은 더 있다. 끝없는 연결성과 린^{lean} 조직, 세계화 등으로 야단법석인 경영 환경에서는 과잉 충성을 하고 부담을 떠안고 있다는 사실을 은근히 자랑하는 것도 필요하다.

"요즘 어떻게 지내?" 사람들이 묻는다.

"**바빠. 좋은 쪽으로 바쁘지.**" 당신이 대답한다.

하지만 우리는 바쁜 것이 성공의 척도가 아니라는 사실을 천천히 깨닫고 있다. 조지 버나드 쇼는 오래전에 중요한 통찰을 하고 혁명에 대한 명언을 남겼다. "이성적인 인간은 자신을 세상에 맞춘다. 비이성적인 인간은 세상을 자신에게 맞추려고 한다. 결국 진보는 비이성적인 인간의 손에 달려 있다." 최근 팀 페리스Tim Ferriss는 『나는 4시간만 일한다』에서 이 주장을 알기 쉽게 풀어 썼다. "바쁘다는 건 일종의 게으름이다. 게으르게 생각하고 무분별하게 행동한다는 뜻이다."(여기서 말하는 게으름은 내가 앞 장에서 추구했던 좋은 게으름이 아니다.)

"열심히 말고 똑똑하게 일하기"도 금지

사람들은 그럴듯한 조언을 많이 한다. "열심히 말고 똑똑하게 일하라." "더 전략적으로 일하라." 이런 명언은 맞는 말이긴 하지만 진혀 쓸모없는 미사여구로서, 실천에 옮길 수가 없다. 사실 '전략적'이라는 수식어는 남용되고 있으며 좀 더 유용하고, 사려 깊고, 어딘가 좋게 보이고 싶을 때 아무 데나 덧붙이는 단어다. 그냥 회의가 아니라 전략적 회의라고 한다. 전략적 보고서를 쓰고 전략적 점심 데이트를 한다. 나는 그동안 꼭 사고 싶었지만 여유가 안 돼서 못 샀던 멋진 제프리 웨스트 구두를 전략적으로 구매했다.

전략이라는 단어를 남용하다 보니 모든 직원이 그 개념에 무심해졌다. 전략이라는 용어를 남발하는 현상과 무엇이든 전략과 관련이 있으면 '그들이 할 일' — '그들'은 직원들보다 보통 두세 단계 윗사람이다 — 로 보는 현상이 합쳐지면, 뻔히 알면서도 좋지 않은 결과를 초래해서 SPOTS, 즉 보고서까지 작성했지만 실행하지 않고 선반에만 올려두는 '선반 위 전략Strategic Plans on Top Shelf' 현상이 벌어질 가능성이 높다.

하지만 전략은 여기저기서 잡다한 내용을 끌어모아서 만든 두툼한 파워포인트 문서가 아니다. 그보다는 훨씬 근본적이면서도 흔한 것이 전략이다. 나는 여러 가지 '전략'에 관한 정의 중에서도 마이클 포터Michael Porter가 한 말이 가장 마음에 든다. "전략의 본질은 하지 않을 일을 선택하는 것이다."

전략적 질문:
"이것에 '네'라고 했다면, 무엇에 '아니요'라고 할 건가요?"

"이것에 '네'라고 했다면, 무엇에 '아니요'라고 할 건가요?" 이 질문에는 숨겨진 기능이 있어서 보기보다 복잡하다. 우선 이 질문을 하는 목적은 상대방이 말한 "네"의 의미를 분명하게 해두려는 것이다. 우리는 어떤 안건에 건성으로 대충 "네"라고 할 때가 아주 많다. 회의실에 있는 사람들은 자기가 무엇에 동의했는지 완전히 오해하고 있을 가능성이 높다. (이런 말을 듣거나 한 적이 있는가? "난 그렇게 하겠다고 말한 적 없어요!" 물론 나도 경험이 없지 않다.)

그러므로 "확실히 해두죠. 정확히 무엇이 '네'라는 건가요?"라고 질문하면 어둠 속에 묻혀 있던 책임감을 불러온다. "이 아이디어를 실현하기 위해 전력을 다한다는 건 어떤 모습일까요?"라고 질문하면 더욱 예리하고 분명하게 초점을 맞출 수 있다.

하지만 "네"에 한계와 형태를 부여하는 "아니요"가 없으면 "네"는 아무 의미도 없다. 사실 "아니요"에는 빼야 할 "아니요"와 더해야 할 "아니요"의 두 가지 유형이 있다.

첫 번째 유형의 "아니요"는 당신이 "네"라고 말했을 때 자동으로 사라지는 선택지에 적용된다. 회의 중에 당신이 어떤 안건에 "네"라고 말하면, 이 회의에서 함께 논의되는 다른 안건에는 "아니요"라고 말한 셈이다. 이 유형의 "아니요"를 이해하면 의사 결정에 함축된 의미를 판단하는 데 도움이 된다.

두 번째 알아야 할 "아니요"는 ― 대화의 수준을 한 단계 끌어올려준다 ― "네"라고 말한 대상을 현실로 만들려면 말해야 하는 것이다. 무리한 약속으로 가득한 우리 인생에 해리 포터의 마법 같은 일이 일어나서 어떻게든 모두 감당할 수 있길 바라며 "네"를 하나 더 주워 담기는 참 쉽다. 이 두 번째 유형의 "아니요"는 "네"를 실행하려면 어떻게 해야 공간과 초점, 에너지, 자원 등을 창조할 수 있는지를 집중 조명하는 역할을 한다.

모든 가능성을 고려했는지 점검하려면 「대화를 트는 질문」

에서 언급했던 3P 모델을 활용하면 된다.

프로젝트Projects

- 없애거나 미뤄야 할 프로젝트는 무엇인가?
- 참석하지 않을 회의는 무엇인가?
- "네"로 돌려야 할 자원은 무엇인가?

사람People

- 어떤 기대 심리를 관리해야 하는가?
- 드라마 삼각형의 역할 중 자신은 어디에 해당하는가?
- 어떤 관계를 정리해야 하는가?

패턴Patterns

- 없애고 싶은 습관이 무엇인가?
- 오래전 이야기나 예전에 품었던 포부 중에 새롭게 해야 할 것은 무엇인가?
- 자신의 소신 가운데 버려야 할 것은 무엇인가?

언제 "아니요"라고 할 것인가

나는 링크드인LinkedIn 친구들에게 "네"나 "아니요"라고 말하기에 적절한 이유와 부적절한 이유가 각각 무엇이라고 생각하는지 질문했다. 내가 받은 답변 중 일부를 소개한다.

	이렇게 말하기 부적절한 이유	이렇게 말하기 적절한 이유
"네"	• 상대가 전화를 끊거나 사무실에서 나가 주기만 한다면 무엇이든 말할 수 있다. • 사실은 실천하지 않을 것을 알고 있다. • 이렇게 말하면 사람들이 나를 정말 좋아할 것 같다. • 그냥 습관이다.	• 상대의 요구에 호기심이 생겨서 질문했더니 상대가 훌륭한 답변을 했다. • 이 일을 하려면 무엇을 그만둬야 하는지 확실히 알고 있다. • 나에게는 위대한 일이다. 영향력도, 의미도 있다. • 내 상사가 이 일에는 협상할 여지가 없다고 분명히 말했다.
"아니요"	• 이 사람이 싫다. (진심으로 싫다.) • 난 지금이 편하고, 변하는 게 싫다. • 최선의 방어는 공격이다. • 그냥 습관이다.	• 상대의 요구에 호기심이 생겨서 질문했더니 상대가 훌륭한 답변을 했다. 하지만 나는 그렇게 하지 않는 편이 좋다고 판단했다. • 내 우선순위가 무엇인지 고려하면 지금 상태를 유지하는 편이 낫다. • 나는 전략적이고 사려 깊은 사람이라는 평판을 쌓으려는 중이다.

어떻게 "아니요"를 말할 것인가

"아니요"라고 대답하기 쉬운 상대는 보통 두 부류가 있다. 가장 가까운 사람 — 배우자와 자녀 — 과 먼 사람 — 밤에 전화하는 통신 판매원 — 이다. 이들을 제외하면 다른 사람들에게 "아니요"라고 하기는 정말 어렵다. 안타깝게도 우리와 함께 일하는 사람 모두가 여기에 해당한다. 기본적으로 "네"라고 답하거나 최소한 "생각해볼게요"로 대답하는 성향이 몸에 밴 기업 문화에서는 더 힘든 일이다.

『단순함이 최고의 경쟁력이다』를 쓴 빌 젠슨Bill Jenson은 "아니요"라고 말하려면 대화의 초점을 전환하고, "네"라고 하더라도 천천히 하는 것이 비결이라고 내게 말했다. 어떤 요청을 받았을 때 정확히 어떤 일인지 잘 모르거나, 심지어 왜 자신이 그런 요청을 받는지도 잘 모른 채 너무 빨리 약속하면 곤경에 빠지기 마련이다.

천천히 "네"를 하라는 말은 확답을 주기 전에 계속 호기심을 가지라는 뜻이다. 즉 아래와 같은 질문을 많이 해야 한다.

- 왜 나한테 요청하는 건가요?
- 다른 사람 누구에게 요청했죠?

- 급하다고 했는데, 그게 무슨 뜻인가요?
- 이 일을 어떤 기준에 맞춰서 해야 합니까? 언제까지?
- 이중에 전부는 안 되고 일부만 할 수 있다면 어느 것을 해 줬으면 좋겠어요?
- 이걸 하려면 내가 그만둬야 하는 일이 무엇이죠?

이렇게 계속 호기심을 표현하면 네 가지 유형의 반응이 나올 것이다. 그중에 쓸모 있는 반응은 세 가지다.

쓸모없는 반응부터 알아보자. 첫째, 성가신 질문은 그만하고 그냥 요청한 일이나 해달라는 반응이다. 사실 사람에 따라, 기업의 문화와 일의 시급성에 따라 요청받은 대로 해야 할 때도 있다.

둘째, 당신의 모든 질문에 상대가 훌륭한 대답을 한다. 긍정적인 결과다. 상대는 신중하게 생각한 끝에 그런 요청을 했고, 굳이 당신을 고른 이유가 살아 있는 사람이라서, 당신의 이메일 주소가 주소록 첫 줄에 있어서는 아니라는 뜻이다.

셋째, 곧바로 대답은 못 했지만 필요하다면 답을 찾아올 용의가 있다고 한다. 그것도 좋다. 그러면서 당신은 시간을 벌 수 있고, 최소한 상대가 다시는 찾아오지 않을 가능성도 높기 때문이다.

마지막으로 상대가 그냥 이렇게 말한다. "사람을 너무 번거롭게 하시네요. 그냥 빨리해주겠다는 사람을 찾아야겠습니다."

2002년 하이케 브루흐Heike Bruch와 수만트라 고샬Sumantra Ghoshal은 《하버드비즈니스리뷰》에 실린 글 〈바쁜 관리자를 조심하라Beware the Busy Manager〉에서 관리자 가운데 단 10%만이 중요한 일에 제대로 초점을 맞추고 에너지를 쏟는다고 주장했다. 솔직히 내 생각에는 10%도 많아 보인다. 하지만 자기 원칙을 고수하고, 웬만한 사람들은 지쳐 나가떨어지는 잡다한 일과 추가 책임을 마다할 수 있는 사람을 떠올려보자. 그 사람은 조직에서 가장 인기 있는 사람은 아니겠지만 — 사랑받고 싶은 욕망은 드라마 삼각형에서 구원자 반응인 "그래요, 제가 할게요"를 끌어낸다 — 훌륭한 경력을 쌓은 고위직으로 존중받고 있을 가능성이 높다.

그 사람이 당신보다 더 천천히 "네"라고 할 줄 알기 때문에 가능했던 일이었다.

어떤 요청에 "아니요"라고 대답하는 일은 항상 불편하다. 왜냐하면 거절하는 대상이 사실 사람이기 때문이다. 요즘에는 사람들이 서로 얽혀 있다 보니 누군가의 희망을 뭉갰다거나 발등을 찍었다거나, 야박하게 사람을 저버렸다는 오해를 받는 등의 골치 아픈 상황에 빠질 때가 많다.

안 되면 되게 하는 세상에서 한 가지 비결이 있다. 다른 맥락에서 유령 코칭을 논의하면서 살펴봤듯이, 사람이 아닌 '제3의 존재'를 만들어서 "아니요"라고 하면 된다. 예를 들어 상대의 요구 사항을 종이나 플립 차트에 적어서 그것을 가리키며 "유감이지만 이건 들어줄 수 없어요."라고 말하는 것이다. "유감이지만 당신 요청은 들어줄 수 없어요."보다는 좀 낫다.

사람에게는 "네"라고 하되, 일에 "아니요"라고 하자.

상대를
판단하기보다는
격려하려는 것이
목표다.

승리를 위한 5가지 전략적 질문

전략을 다룬 책은 엄청나게 많지만 대부분 안 읽어도 되는 책들이다. 하지만 꼭 한 권만 읽어야 한다면 나는 로저 마틴Roger Martin과 A. G. 래플리A. G. Lafley가 쓴 『승리의 경영전략』을 추천한다. 래플리는 P&G가 한창 잘나가던 시절의 CEO였고(다시 부임했을 때도 실적이 무척 좋았다), 마틴은 토론토대학교 로트만 경영대학원의 전 학장이며 인기 작가다. 두 사람은 전략을 답이 필요한 다섯 가지 핵심 질문으로 분해했다. 질문 대상은 작은 규모로는 개인과 팀, 큰 규모로는 복합적 조직, 글로벌 조직, 수십 억 달러 규모의 조직에 이른다.

이 질문들은 일방향이 아니다. 한 질문에 대한 대답은 다음 질문에 영향을 주고 그 전 질문에도 영향을 미친다. 질문 앞뒤를 유기적으로 오가는 문답 과정에서 답변 간에 일정한 경향이 생긴다. 여기에 이 과정의 강점이 있다. 아이젠하워는 이렇게 말했다. "계획은 아무런 쓸모가 없지만 계획하는 과정은 꼭 필요하다." 이 말 자체는 흑백논리에 가깝지만, 결과적으로 이런 질문들이 위대한 계획으로 이어지는 것은 사실이다. 여기 다섯 가지 질문을 소개한다.

- 승리란 무엇인가? 선택의 기준을 '승리'로 잡으면 평범함을 배제하게 된다. 승리를 원하면, 지금 어떤 경기를 누구와 (누구에 대적해서) 하고 있는지 알아야 한다. 세상과 어떤 영향을 주고받고 싶은가?

- 어디에서 사업을 할 것인가? '바닷물을 끓이려고' 해봤자 성공할 수 없다. 특정한 분야, 지역, 제품, 유통망, 그리고 고객을 선택해야 자원에 집중할 수 있다.

- 어떻게 승리할 것인가? 경쟁자와의 격차를 벌릴 우리만의 고유한 차별성은 무엇인가?

- 어떤 역량을 갖추어야 하는가? 어떻게 하면 우리가 하는 일이, 단순히 해야 하는 일을 떠나 우리의 강점이 되어 오랫동안 유지될 수 있겠는가?

- 어떤 경영관리 시스템이 필요한가? 현상을 측정하는 건 아주 쉽다. 측정이 필요한 정말 중요한 대상이 무엇인지 알아내는 게 훨씬 어렵다.

우리의 전략적 질문은 이런 질문 속에 숨어 있는 질문이다. 어떤 대상에 진정으로 "네"라고 말할 수 있으려면, 무엇에 "아니요"라고 말해야 할까? 마틴과 래플리는 이렇게 말한다. "전략은 승리를 위한 선택이다. 즉 아주 구체적인 다섯 가지 선택이 조화롭게 통합된 것이다. 전략을 정의하려면 무엇을 하고 무엇을 하지 않을지 선택해야 한다." HP의 CEO 멕 휘트먼Meg Whitman(『승리의 경영전략』의 열렬한 팬으로 모든 관리자에게 읽게 했다)은 이 질문 프로세스가 "까다로운 취사 선택을 하게 만든다."라고 말했다.

취할 것과 버릴 것

대니얼 카너먼Daniel Kahneman은 판단과 의사 결정에 작용하는 심리학을 연구한 공로로 2002년 노벨 경제학상을 받았다. 이 분야는 행동 경제학으로 더 잘 알려져 있다. 가장 유명한 저서 『생각에 관한 생각』에서 인간의 의사 결정 과정에 두 가지 종류가 있다고 설명한다. 하나는 빠르고 본능적이며 직관적 사고방식의 영향을 받고, 다른 하나는 느리고 합리적인 이성의 영향을 받는다. 빠른 사고방식은 대부분 아주 훌륭하고 정확하다. 하지만 그렇지 않을 경우, 인간의 다양한 인지 편향cognitive bias 때문에 아주

어리석은 의사 결정을 한다. 전략적 질문은 이런 인지 편향 가운데 최소한 두 가지를 피하게 해준다.

첫 번째 편향은 '**계획 오류**planning fallacy'로서, 간단히 설명하면 어떤 과업을 완료하는 데 얼마나 시간이 걸릴지 제대로 예상하지 못하기 때문에 발생하는 오류다. 자기 능력을 과대평가하는 데다 설상가상으로 스스로 과대평가하는 수준을 과소평가하는 경향이 합쳐진 것이다. 우리는 타고난 능력보다 더 많은 일을 할 수 있다고 생각한다. 전략적 질문은 실제로 가능한 일이 무엇인지 현실적으로 생각하게 도와준다.

두 번째 편향은 '**전망 이론**prospect theory'으로서, 이득과 손실을 똑같은 비중으로 측정할 수 없다는 것을 알려준다. 예를 들어 100달러를 잃어버렸을 때 겪는 고통의 크기는 100달러가 생겼을 때 얻는 즐거움보다 크다는 것이다. 이런 편향의 결과 우리는 일단 뭔가를 얻으면 잃기 싫어할 뿐 아니라 그 가치를 과대평가하는 경향이 있다. 전략적 질문을 하는 것은 우리가 무엇에 집착하는지를 조명함으로써, 유지할 대상과 버릴 대상을 더욱더 현명하게 가늠할 수 있게 한다.

어떤 일이 당신을 예전 행동으로 되돌리는가?

어떤 사람이나 상황, 느낌 등이 당신에게 계기로 작용했던 순간을 적는다.

여기서 계기는 누군가가 지금도 버거운데 할 일을 추가해서 정말 감당하기 힘들어하는 모습을 목격했을 때다.
겁을 먹어 선택을 내리지 못하고, 모든 것에 "네"라고 하면서 얼렁뚱땅 넘기려는 모습을 봤을 때도 해당한다. 일이 진행되는 속도가 빨라져서 사람들이 감당 못 할 만큼 프로젝트 범위가 급격히 커질 때도 있다. 즉 누군가 뭔가 새로운 것을 하겠다고 결정을 내릴 때면 언제든 계기가 될 수 있다.

더 이상 이런 행동은 하지 말자

그만두고 싶은 예전 습관을 적는다. 구체적으로 써야 한다.
내면에 존재하는 충고 괴물을 길들이는 일과 연관이 있을 것이다.

여기서 그만두고 싶은 예전 습관은 당신이나 당신 팀이 물리학 법칙을 거스르고 계속해서 일을 더 받을 수 있다고 생각하는 순간을 적는다.

스스로 구원자 모드(상대를 만족하게 해주려고 모든 것에 "네"라고 말하는 것) 또는 희생자 모드("네"라고 말할 수밖에 없다고 느끼는 것)에 빠져들려는 순간이다.

앞으로는 이렇게 하자

자신이 원하는 새로운 습관을 적는다.

급하게 행동에 옮기거나 과중한 부담을 끌어안지 말고 이렇게 질문하자.
"이 '네'를 확실하게 현실로 만들려면 무엇에 '아니요'라고 해야 할까?"

질문력 수업

상대방의 대답에 반응하라

2012년 여름에 칼리 레이 젭슨Carly Rae Jepsen의 히트곡 〈콜 미 메이비Call Me Maybe〉가 엄청난 인기를 끌었다. 뮤직비디오(마지막에 엄청난 반전이 있다) 조회 수는 2019년 2월 기준으로 11억 뷰가 넘는다. 이 곡은 아주 오래된 음악 형식인 메기고 받기call and response의 최신 사례로 볼 수 있다. 칼리 레이가 노래하면("Hey I just met you") 음악이 받는다(바이올린). 칼리 레이가 또 노래하고("And this is crazy") 다시 음악이 응답한다. 이런 패턴은 머디 워터스의 〈매니시 보이Mannish Boy〉 같은 명곡부터 포크 음악과 블루스의 깊은 뿌리까지 거슬러 올라간다.

이제 여러분은 충고 괴물의 존재를 충분히 깨달았을 테고, 급하게 충고하고 제안하기보다는 질문에 집중할 것이다. 훌륭하다. 이제 메기고 받기 구조를 들여오자. "그리고 다른 건요?"라는 질문으로 훌쩍 넘어가기 전에 상대가 하는 대답에 반응해야 한다.

말을 많이 할 필요는 없다. 상대를 판단하기보다는 격려하는 것이 목표다. 상대가 한 말에 당신이 귀를 기울였다는 사실을 보여주는 게 중요하다. 내가 가장 좋아하는 반응은 다음과 같다.

굉장한데요.	마음에 들어요.	좋은 생각이에요.
좋아요.	네, 그거 괜찮네요.	아아.

당신도 나름대로 즐겨하는 반응이 있을 것이다. 이 목록에 무엇을 추가하고 싶은가?

깨달음을
주는 질문

07

사람은 어떻게 배우는가

관리자이자 리더로서, 당신은 사람들이 일을 제대로 처리하기를 바란다. 하지만 그게 전부는 아니다. 당신은 그들이 배움을 통해 실력을 쌓고, 자립성을 기르고, 성과를 거두었으면 한다. 다행히 그들도 같은 걸 원한다.

하지만 남이 학습하도록 돕는 건 쉬운 일이 아니다. 가끔은 아주 명백한 개념을 반복해서 머리에 집어넣어주는데도(아니면 삽으로 후려쳐주는데도), 어째서인지 당신이 전하고 싶은 핵심이 먹히지 않을 때가 있다. 이유는 다음과 같다.

- 당신이 무엇인가 얘기하지만 상대는 제대로 배우지 않는다.
- 심지어 직접 일을 하면서도 배우지 않는다.
- 실제로 학습이 일어나고, 새로운 신경 회로가 생성되려면 무슨 일이 있었는지 떠올리고 심사숙고해야만 가능하다.

깨달음을 주는 질문:
"당신에게 가장 유익했던 게 뭐였어요?"

"당신에게 가장 유익했던 게 뭐였어요?" 크리스 아지리스Chris Argyris 교수는 40년도 더 전에 '이중 순환 학습double-loop learning'이라는 용어를 만들었다. 첫 번째 순환에서 문제를 해결하려고 한다면, 두 번째 순환에서는 당면한 문제를 통해 배움의 순간을 창조한다. 사람들이 발전하고 통찰력을 얻는 때는 두 번째 순환이다. 새로운 연결 고리가 만들어진다. 깨달음이 일어나는 것이다.

관리자이자 리더로서 당신은 이런 배움의 순간을 얻을 기회를 사람들에게 제공하는 역할을 해야 한다. 그렇게 하려면, 이중 순환 학습을 일으킬 질문이 필요하다. 그것이 바로 "당신에게 가장 유익했던 게 뭐였어요?"다.

배움의 신경 과학

잠시라도 교육·개발 분야에 몸담은 적 있다면, 지식 유지율이 낮은 것에 특히 좌절을 느꼈을 것이다. 교육생들은 회사 강의실을 걸어 나가자마자 거의 모든 것을 잊어버린다. 중요한 내용을 온 열의를 다해 강의했더라도, 일주일이 지나면 메아리처럼 흩어진다. 당신도 강의실 반대편 책상에서 똑같은 경험을 했으리라. 하루나 이틀쯤 강의를 빼먹었을 테고, 배운 내용을 거의 남김없이 한 귀로 흘려보냈을 가능성이 높다.

하지만 신경 과학과 심리학 덕분에 학습에 성공할 방법이 밝혀졌다. 조시 데이비스Josh Davis를 비롯한 뉴로리더십협회 NeuroLeadership Institute 연구자들은 AGES 모델을 개발하여 장기 기억에 영향을 주는 4가지 주요 신경 요인을 설명했다. 'AGES'는 집중Attention, 생성Generation, 감정Emotion, 간격Spacing을 뜻한다. 이 가운데 우리에게 유용한 개념은 G, 생성이다. "생성은 새로운 아이디어와 기존 아이디어에 자기만의 연결 고리를 창조하는 (그리고 공유하는) 행위다. … 단순히 어떤 지식을 읽기만 하는 게 아니라 시간을 들이고 답을 찾으려 애쓰면서 지식을 생성하려고 하면 우리의 기억력은 더욱 좋아진다."

그러니 간단히 말하면 충고의 효과는 과대평가되었다. 확실히 말해두지만 기억을 부호화하는 뇌의 해마 영역까지 충고가 진출할 가능성은 제한적이다. 하지만 내가 질문하고 당신이 스스로 답을 생성한다면 그 가능성은 크게 높아진다.

배우려면 먼저 인출하라

심리학계에서 이를 뒷받침하는 근거가 나오고 있다. 특히 피터 브라운Peter Brown, 헨리 뢰디거Henry Roediger, 마크 맥대니얼Mark McDaniel이 쓴 『어떻게 공부할 것인가』가 주목할 만하다. 쟁쟁한 심리학 교수인 저자들은 학습 효과를 높여줄 최상의 전략과 전술을 그 책에 요약해두었다. 그들이 말하는 첫 번째 주요 전술은 정보 인출 효과의 활용이다. 아주 절묘한 표현이 눈에 띈다. "망각 과정을 방해하는 게 가장 중요하다." 망각은 즉시 시작되므로 대화가 채 끝나기 전에 질문해도 좋다. 이 질문을 통해 "그런 말은 한 번도 못 들어봤어요!"로 넘어가는 미끄럼틀을 타지 못하게 처음 방해를 하는 셈이다.

판돈을 올리고 싶으면 꼭 대화가 끝날 무렵이 아니라도 수시로 이 질문을 던질 수 있다. 저자들은 이렇게 말한다. "반추하는 행위는 일종의 연습이다." 질문하는 순간은 댄 코일이 주창했던 심층 연습을 할 기회가 된다.

팀 회의나 정기적인 일대일 면담을 시작할 때 질문을 던지는 것도 방법이다. "지난번 회의 이후로 무엇을 배웠어요?" 내가 (거의) 지키는 하루 일과의 마무리는 아이던디스iDoneThis라는 앱을 키는 것이다. 나는 거기에다 내가 오늘 무슨 일을 했는지 단순히 기록하기보다는 무엇을 배웠으며 무엇이 가장 자랑스러운지 한두 문장으로 정리한다.

상대를 성장시키는 강력한 무기

지식을 생성하고 지식 인출을 유도해서 배운 내용을 굳히게 도와줄 질문은 여러 가지가 있다. "무엇을 배웠어요?", "가장 중요한 정보가 뭐였어요?", "무엇을 기억하고 싶어요?", 그리고 "꼭 기억해야 할 게 뭐였나요?" 등은 모두 제 역할을 확실히 해낼 훌륭한 질문이다.

하지만 "당신에게 가장 유익했던 게 뭐였어요?"의 경우, 음식으로 비유하자면 다른 질문이 아이스버그 양상추라고 했을 때 이 질문은 케일 같은 슈퍼 푸드에 해당한다. "가장 유익했던 게 뭐였어요?"는 최소한 여섯 가지 면에서 목표를 달성하게 도와준다.

대화가 유용했다고 가정한다

윈스턴 처칠Winston Churchill이 말했다. "사람들은 이따금 진실에 걸려 넘어지지만, 대부분 아무 일도 없었다는 듯 벌떡 일어나서 서둘러 떠난다." 주변 사람들과 나누는 대화도 마찬가지다. 대화 속에 지혜가 존재하지만, 짬을 내서 들여다봐야만 찾을 수 있다. 깨달음을 주는 질문은 방금 일어난 일이 유용했다고 즉시 규정하고, 유용한 내용이 무엇이었는지 알아낼 순간을 창조한다.

가장 쓸모 있고 중요한 일을 확인하게 만든다

보통 피드백은 많이 하는 것보다 적게 하는 게 낫다. 당신이 개선이 필요한 항목 12가지나 뽑으면, 관련자 모두가 압박을 받는다. 중요하고 기억해야 할 일 하나를 파악하는 게 가장 효율적이다. 이 질문은 상대방이 대화에서 가장 중요한 한두 가지 핵심에 집중하게 만들어준다.

친밀한 분위기를 형성한다

질문에 '당신에게'를 붙이면 객관적인 일이 주관적 일로, 추상적인 일이 개인적인 일로 바뀐다. 이제 당신은 상대가 새로운 신경회로를 생성하도록 도와줄 수 있다.

물론 무엇이 가장 중요한지에 대한 당신의 생각을 말하기보다 상대에게 유익했던 것을 그가 스스로 말하도록 해야 한다. 전자는 항상 충고에 가깝다.

당신에 대한 피드백이다

상대가 하는 대답에 귀를 기울여야 한다. 그러면 코칭을 받는 사람뿐만 아니라 코칭을 하는 사람에게도 유익하기 때문이다. 상대의 대답을 참고로 해서 다음번에는 무엇을 추가로 해야 할지 판단할 수 있다. 또한 조언이 아니라 질문을 했는데도 도움이 되었으니 (필요하다면) 위안이 될 것이다.

평가가 아니라 학습이다

"이것이 유용했나요?"가 질문이 아니라는 데 주목하자. 이런 질문은 대답을 예/아니요로 유도하며, 사실상 아무런 통찰을 끌어내지 못한다. 그저 평가를 할 뿐이다. "가장 유익했던 게 뭐였어요?"는 사람들이 대화에서 가치를 발견하게 만든다.

사람들에게 당신이 얼마나 유능한 존재인지 상기시킨다

연간 업무 성과표를 받은 한 직원이 다면 평가 문항을 응시하며 마우스 커서를 이리저리 움직이고 있다.

질문: 내 상사는 유능한가?

그는 지난 한 해를 되돌아보며, 당신과 했던 대화 하나하나가 유익했다는 사실을 떠올린다. 최고점을 매긴다.

우리는
질문이 만들어낸
세계에 살고 있다.

데이비드 쿠퍼라이더 David Cooperrider

빠르게 시작하고 강력하게 마무리하는 법

이 질문으로, 코칭의 시작과 마무리를 책임질 질문 한 쌍이 완성된다.

"요즘 신경 쓰는 일이 뭐예요?" 우리는 대화를 트는 질문으로 시작했다. 이 질문은 스몰토크에 시간을 빼앗기거나, 쓸데없이 사람들을 산만하게 만드는 데이터와 씨름하며 빙빙 돌아가는 일 없이 정말 중요한 대화를 빨리 시작할 수 있게 해준다.

"이 대화에서 당신에게 가장 유익했던 게 뭐였어요?" 대화를 마무리할 무렵, 모두가 문을 박차고 나가기 직전에 깨달음을 주는 질문을 던져보자. 이 질문에 대답하면서 무엇이 가장 유용했는지 상기하고, 자기가 얻은 지혜를 공유하면서 배운 내용을 다시 새길 수 있다. 대화의 질을 높이고 싶다면 — 그리고 유대감을 강화하고 싶다면 — 그 대화에서 당신은 무엇이 가장 유용했다고 생각하는지도 말하는 게 좋다. 이렇게 동등한 정보 교환은 사회계약social contract을 더욱 굳건히 한다.

우리가 실제로 기억하는 것

이 장에서는 지식 인출을 개선할 과학적 방법을 소개했다. 나는 우리 연구원 린지에게 깨달음을 주는 질문이 이처럼 큰 효과를 지니는 이유를 설명할 수 있는 참신하고 흥미로운 근거를 찾아달라고 요청했다. 린지는 뜻밖의 결과물을 보여주었다. 대장 내시경이었다.

다음에 소개하는 정보의 출처는 대니얼 카너먼의 연구 중 피크엔드 법칙peak-end rule이다. 요약하자면 지난 일을 평가할 때 우리는 모든 경험에서 골고루 영향을 받는 게 아니라, 가장 좋았던 정점(또는 저점)과 마지막 순간에서 가장 큰 영향을 받는다는 것이다. 화려하게 대미를 장식하면 그전에 있었던 일도 모두 좋아 보이게 만들 수 있다는 뜻이다.

사람들은 다양한 방법으로 이 이론을 시험했다. 그중에서도 가장 본능에 충실했던 것이 대장 내시경 실험이다. 한 연구에서 어떤 환자들은 전통 방식으로 대장 내시경을 받았고 어떤 환자들은 바뀐 방식으로 내시경을 받았다. 검사 시간이 1분 정도 길었지만 마지막 순간에 고통이 줄었던 환자들은 전반적으로 고통 수준을 10% 낮게 기억했고, 다른 불쾌한 경험들보다 내시경이 상대적으로 더 낫다고 평가했다. 이 환자들은 사후 절차를 밟기 위해 실험에 복귀할 확률이 10% 더 높기도 했다.

"여기서 당신에게 가장 유익했던 게 뭐였어요?"는 대화를 강렬하고 긍정적으로 마무리하게 해준다. 대화를 통해 깨우치고 철저히 학습하게 할 뿐 아니라, 상대가 "이 대화는 유익했다."라고 언급하며 마무리함으로써 다른 방식으로 마무리했을 때보다 이 경험을 더 좋게 기억할 수 있게 한다.

어떤 일이 당신을 예전 행동으로 되돌리는가?

어떤 사람이나 상황, 느낌 등이 당신에게 계기로 작용했던 순간을 적는다.

이 질문은 코칭의 마무리에 해당하므로, 계기가 되는 순간은 다음과 같다. 대면 대화 또는 비대면 대화의 막바지에 존재한다. 팀원이거나 상사가 계기가 될 수도 있다. 팀 회의에서, 혹은 강연을 끝낸 다음에 계기가 찾아오기도 한다. 고객이나 잠재 고객, 의뢰인에게 말하는 순간도 계기가 될 수 있다. 스스로 "좋아, 다 됐다!"라는 생각이 드는 순간이 바로 그때다.

더 이상 이런 행동은 하지 말자

그만두고 싶은 예전 습관을 적는다. 구체적으로 써야 한다.

"곰에게 쫓겨 퇴장한다." 셰익스피어의 『겨울 이야기』에는 두고두고 회자되는 유명한 지문이다. 대부분의 대화도 이와 비슷하다.

깨달음을 주는 질문을 던지는 대신, 사람들에게 아주 잘했다고 말하면서 앞으로 할 일을 점검하거나, 이 회의가 길어지는 바람에 다음 회의에 늦어서 걱정이라고 말하면서 마무리한다. 이 항목에는 깨달음의 순간이나 가치를 창출하는 순간을 놓치게 만든 행동을 적는다.

앞으로는 이렇게 하자

자신이 원하는 새로운 습관을 적는다.

무엇을 적어야 할지 짐작이 갈 것이다. 이렇게 적어보자.
"그럼, 여기서 당신에게 가장 유익했던 게 뭐였어요?", "이 대화에서 뭐가 가장 가치 있었나요?", "여기서 가장 효과 있는 건 뭐예요?" 같은 다양하게 변형된 질문으로 상대에게 가치와 깨달음을 표현하게 하자.

모든 수단을
동원해서 질문하라

이제 막바지에 이르렀으니, 독자들도 이 책이 무엇을 말하고 싶은지 이해했을 것이다. 바로 당신이 관리하고 영향을 주면서 교류하는 사람들과 대화하는 방식을 바꿔야 한다는 것이다. 사람들에게 계속해서 호기심을 표현하고, 당신의 내면에 있는 충고 괴물을 길들이고 자제해서 사람들이 빨리 자기만의 방식을 찾도록 도와주자. 적당한 때를 봐서 적정량만 조언하고 지혜를 나누어야 한다.

한편 우리 삶에서 이메일, 인스턴트 메시지, 슬랙 메시지, 트위터와 페이스북 메시지, (기타 잡다한 전자 수단 329가지를 대입하라) 등을 교환하기 위해 화면을 들여다보며 타닥타닥 키보드를 두드리는 시간의 비중이 그 어느 때보다 점점 높아지고 있다.

일곱 가지 핵심 질문은 직접 얼굴을 마주할 때와 마찬가지로 이런 전자 수

단에서도 똑같이 효과를 발휘한다. 이 사실은 당신에게 아주 긍정적으로 작용한다. 주절주절 길게 쓴 이메일을 받았을 때, 과거에는 한숨을 쉰 후에야 팔을 걷어붙이고 충고를 가득 담아 긴 답장을 썼을 것이다. 하지만 이제 일곱 가지 질문 중에 한두 가지를 던져서 빠르게 초점을 맞추면 받은 편지함에 머무르는 시간을 줄일 수 있다. 질문은 말로 했을 때와 마찬가지로 타이핑했을 때도 똑같이 효과를 발휘한다. 예를 들면 이런 식이다.

"와, 처리해야 할 일이 많군요. 여기서 당신에게 가장 어려운 점이 무엇이라고 생각하죠?"
"이메일 잘 읽었어요. 그런데 당신이 원하는 게 뭐예요? 한두 문장으로 말해줘요."
"길게 답변하기 전에 먼저 물어볼게요. 여기서 당신에게 정말 어려운 점이 무엇인가요?"

| 에필로그 |

우리는 종종 길을 잃는다

내가 호주에서 대학을 다니던 시절에는 나 자신이 천생 도시 사람이라는 사실을 받아들이지 못했다. 지금은 내가 도시 남자라는 걸 알고 있다. 내 손은 항상 키보드나 치는 사람답게 부드럽고, 내 유전자에 DIY나 서바이버의 본능 따위는 전혀 없다.

하지만 그 시절에는 나도 제이슨 본으로 진화할 수 있으리라 생각했다. 제이슨 본은 체지방이 1%에 불과하고 나뭇가지 세 개와 나뭇잎 한 줌만 가지고 야외에서 3주 동안 생존할 수 있는 사람이다. 나는 그런 정신으로 3일 일정의 단독 트래킹을 계획했다. 예전에 부시 워킹bush walking — 하이킹의 호주식 표현 — 을 해봤기 때문에 아는 게 없다고는 볼 수 없었다. 10년 전에 보이스카우트에서 매듭 공훈 배지를 탄 적도 있다. 트래킹이 어려우면 얼마나 어렵겠는가?

배낭이 저울에는 20kg이라고 나왔지만 그보다 훨씬 무겁게 느껴졌다. 이 무게의 90%는 구급상자 탓이다. 다칠까 봐 약간 걱정이 됐기 때문에 뱀에게 물리는 것부터 벼락을 맞는 것까지 모든 구급 사태를 대비해서 약을 가져갔다.

집을 나와서 세 시간 동안 차를 몰고 간 끝에 트래킹 코스의 시작 지점에 도착했을 때는 기분이 좋았다. 날씨가 좋았고 예보에 따르면 앞으로도 좋을 거라고 했다. 주차장에 차가 몇 대 더 있었으니 트래킹하는 사람이 나 혼자는 아니었다. 미리 조사한 바에 따르면 별로 어려운 코스도 아니었다. 그냥 혼자 3일 동안 걸으면 되는 거였다.

길은 처음에는 넓고 확 트여 있었지만 곧 좁아졌다. 20분이 지나자 길이 아예 사라졌다. 과장이 아니라 무릎까지 오는 잔디 사이로 다른 등산객이 매듭으로 표시한 길을 눈에 불을 켜고 찾아야 앞으로 나아갈 수 있었다. 그러다 매듭이 지어진 잔디도 끝이 났다.

정말 당황스러웠다. 지도를 보면 산을 오르는 등산로가 아주 널찍하고 분명하게 표시되어 있었다. 지도가 잘못된 게 분명했다. 내가 가는 길은 전혀 오르막이 아니었고 계속 낮은 곳을 맴돌았다. 그곳은 눈에 잘 띄지도 산길이었고 등산로가 전혀 아니었다. 음, 그랬다.

나는 길을 잃은 것이었다.

앞으로 갈 것인가, 뒤로 갈 것인가?

앞으로 가는 법은 두 가지였다. 사실 그중 하나는 앞으로 가는 것과는 거리가 멀다. 지금까지 온 길을 따라 돌아가는 방법이었다. 물론 사나이로서 말도 안 되는 선택이었다. 남은 길은 ― 나답게 대담하고 용기 있고 직접적인 방법인데 ― 산 위쪽으로 향하는 것이다. 가다 보면 분명히 다시 정상 궤도에 오를 수 있지 않겠는가.

그때 어떻게 산을 올랐는지 잘 기억이 나지 않는다. 몇 가지 장면만이 떠오를 뿐이다. 폭포 주변의 이끼로 덮인 바위 꼭대기에서 위태롭게 균형을 잡으려고 했다. 앞이 보이지도 않는 티트리 수풀 사이로 배낭을 밀어가며 기어갔다. 그러고는 배낭을 질질 끌며 앞이 안 보이는 티트리 수풀을 벗어나려고 했다. 불길한 예감과 공포, 외로움이 스멀스멀 피어올랐다.

결국에는 길을 발견했다. 지도에 나온 대로 널찍하고 분명한 길이었다. 한편 나는 여기저기 긁히고 멍들고 지칠 대로 지쳐 있었다. 차를 떠난 지 겨우 7시간이 지났을 때였다. 그야말로 엉망이었다. 밤에는 텐트를 치기로 했다. 물론 텐트 치기에는 이른 시간이었지만 회복하고 정신을 차릴 필요가 있었다. 모닥불로 찻물을 끓이며 주차장 방향에서 내 쪽으로 다가오는 동료

등산객을 훔쳐봤다. 쌩쌩해 보였다. 나는 그를 소리쳐 불렀다. 그날 무슨 일을 겪었는지 별로 말하고 싶지가 않아서, 곧바로 대화 방향을 바꿔서 지금까지 걸어오는 길이 어땠냐고 물었다.

그는 아직 잘 모르겠다고 대답했다. 걸어온 지 겨우 15분 지났기 때문이었다.

자신만의 질문을 찾아라

나는 관리자로 일해왔고 관리를 받기도 했다. 관리자들을 코칭했고, 그들이 더 좋은 코치가 되도록 훈련했다. 경험상 관리자와 관리받는 사람이 지나치게 대화를 많이 하면 부다양 국립공원에서의 내 불행했던 하이킹과 비슷해지는 것 같다.

- 짐이 너무 많다.
- 자기가 목적지와 경로를 알고 있다고 지나치게 확신한다.
- 경로를 너무 빨리 쏘다닌다.
- 다시 궤도로 돌아오려고 과하게 노력한다.
- 결국 원래 가려던 길에서 멀리 벗어나 기진맥진해진다.

이 이야기에 공감이 간다면, 자신만의 코칭 습관을 들였을 때 큰 효과를 볼 수 있을 것이다. 이 책에서는 가장 효과 있는 질문만을 엄선해서 소개했다. 사람들을 관리하면서 이 일곱 가지 핵심 질문을 일상적인 레퍼토리나 대화 소재로 삼는다면, 덜 힘들게 일하고도 큰 영향력을 발휘하며 부하 직원과 상사에게 좋은 평판을 얻을 수 있을 것이고, 경력을 비롯한 당신의 삶 전반에서 좋은 결과가 있을 것이다. 나는 그것을 믿어 마지않는다.

하지만 진정한 비결은 호기심을 갖는 습관을 기르는 데 있다. 가장 도움이 될 강력한 변화를 스스로 끌어내고 싶다면 이렇게 하면 된다. 충고를 줄이고 호기심을 가지자. 나만의 질문, 나만의 목소리를 찾자. 그리고 무엇보다 나만의 코칭 습관을 키우자.

훌륭한
질문이 없으면,
훌륭한
대답을 할 곳이 없다.

클레이튼 크리스텐슨 Clayton Christensen

감사의 글

감사의 글을 적을 때마다 불안하고 걱정스럽다. 불현듯 두 가지가 생각나기 때문이다. 첫 번째, 책을 완성할 때까지 셀 수 없이 많은 사람에게 도움을 받았다는 것과 두 번째, 내 기억력을 믿을 수 없다는 것이다. 난 분명히 잊어서는 안 될 사람을 잊어버릴 것이다. 그 사람이 바로 당신이라면 사과드린다.

이 책을 완성하기까지 4년이 넘는 시간이 걸렸으며, 완성도가 낮아서 세 번이나 고쳐 썼다. 정말 별로였었다. 그러니 이 책에 효용과 품격이 있다면 그것은 아주 많은 사람이 격려하고 열정과 재능을 보태준 결과다.

형편없던 예전 버전을 읽어주며 지지해준 독자 질 머피, 케이트 라이, 젠 라우든, 팸 슬림, 마이클 레키, 캐런 라이트, 에릭 클라인, 몰리 고든, 마크 실버, 베니타 인듀이, 그리고 거스 스태니어에게 감사드린다. 내가 평범함에 안주하지 않게 끌어주고 격려해준 분들이다.

워크맨 출판사의 수지 볼로틴, 브루스 트레이시는 예전 버전에 퇴짜를 놓았는데, 결과적으로 아주 현명한 판단이었다. 린지 밀러와 엘리자베스 우드워스는 깊이 있는 연구로 내 작업을 뒷받침해주었다.

편집과 디자인을 맡아준 분들도 더할 나위 없이 훌륭했다. 올리버에디토리얼서비스의 캐서린 올리버는 생략 부호 '…'를 남발하거나 대문자를 자주 쓰는 등의 내 여러 가지 나쁜 습관을 고쳐주었다. 캐서린은 이 원고의 큰 방향을 잡을 때부터 세세한 내용을 조정할 때까지 세 번에 걸쳐 편집했다(세스, 소개해 줘서 고마웠다). 주디 필립스는 매의 눈으로 교정을 봐주었다. 페이지투 에이전시에서 일하는 내 출판 컨설턴트 제시 핀켈슈타인과 메건 존스는 우리가 아마추어처럼 버벅거리지 않고 능숙한 프로답게 자가 출판을 진행하도록 도왔다. 그리고 피터 코킹이 우아하고 세련되게 디자인을 해주어서, 나는 이 책의 내용뿐 아니라 외형과 느낌까지 좋아할 수 있었다. 내 동업자 마크 보우든이 완벽한 부제목을 지어주었다.

박스오브크레용에는 특별한 팀이 일한다. 팀원들 덕분에 우주에 우리 존재를 각인시켰다. 모두와 함께할 수 있어서 행운이라고 생각한다. 샬럿 라일리, 데니즈 어데이, 아나 가르자로 빌라드, 피터 해치, 소니아 가발라, 실바나 라 셀바, 어니스트 오리엔테, 로나 비렌바움, 워런 매캔, 프랭크 메랑, 모두에게 감사드린다. 이 책의 디자인 방향을 잡아준 팝로직의 로버트 카브웨, 책의 출간 마케팅을 계획하고 수행해준 스탠 맥기에게 특별히 경의를 표한다.

박스오브크레용은 일로 바쁜 관리자들이 10분 안에 코칭을 할 수 있도록 전문적으로 돕고 있으며, 대단히 뛰어난 진행자들이 프로그램을 진행한다. 현재의 코치진인 리 벨레어, 헬린 벨로즈, 제이미 브로턴, 티나 디아스, 조너선 힐, 리앤 루이스 그리고 수전 린에게 감사드린다. 이 멋진 사람들에 대해 알고 싶으면 BoxOfCrayons.com을 방문하기 바란다.

성공한 남자 뒤에는 언제나 놀라운 여자가 있다고 누군가 말했다. 에브리씽엘스의 부사장 마르셀라 번게이 스태니어, ICU^{Internal Crayons Unit}의 부서장 마를렌 엘드마이어가 그렇다. 두 사람의 지원과 사랑, 격려에 감사드린다.

참고 문헌

1 짧은 시간 안에 속 깊은 이야기를 유도하는 '대화를 트는 질문'은 다음을 참조하라.

Weaver, S. M. and C. M. Arrington, 2010, "What's on Your Mind: The Influence of the Contents of Working Memory on Choice", *Quarterly Journal of Experimental Psychology* 63(4): 726-737.

2 초점을 잃지 않고 대화의 올바른 방향을 잡는 '가능성을 여는 질문'은 다음을 참조하라.

- Evans, Angela D. and Kang Lee, 2013, "Emergence of Lying in Very Young Children", *Developmental Psychology* 49(10): 1958-1963.
- Gilson, Cindy M., C. A. Little, A. N. Ruegg and M. Bruce-Davis, 2014, "An Investigation of Elementary Teachers' Use of Follow-Up Questions for Students at Different Reading Levels", *Journal of Advanced Academics* 25(2): 101-128.
- Lowe, M. L. and C. C. Crawford, 1929, "First Impression versus Second Thought in True-False Tests", *Journal of Educational Psychology* 20(3): 192-195.

3 잘못 짚은 문제에 빠지지 않고 시간과 노력을 줄이는 '핵심을 찌르는 질문'은 다음을 참조하라.

d'Ailly, H. H., J. Simpson and G. E. MacKinnon, 1997, "Where Should 'You' Go in a Math Compare Problem?", *Journal of Educational*

Psychology 89(3): 562–567.

4 상대를 결과 쪽으로 끌어당기는 '본질을 파고드는 질문'은 다음을 참조하라.
Weatherall, A. and M. Gibson, 2015, "I'm Going to Ask You a Very Strange Question': A Conversation Analytic Case Study of the Miracle Technique in Solution-Based Therapy", *Qualitative Research in Psychology* 12(2):162–181.

5 당신의 시간을 절약하면서 해결책 생각하는 '게으른 질문'은 다음을 참조하라.
• Heritage, J. and J. D. Robinson, 2006, "The Structure of Patients' Presenting Concerns: Physicians' Opening Questions", *Health Communication* 19(2): 89–102.

• Robinson, J. D. and J. Heritage, 2006 "Physicians' Opening Questions and Patients' Satisfaction", *Patient Education and Counseling* 60(3): 279–285.

6 상대가 다음 단계를 계획할 수 있도록 돕는 '전략적 질문'은 다음을 참조하라.
• Kahneman, D. and A. Tversky, 1973, "On the Psychology of Prediction", *Psychological Review* 80(4): 237–251

• Kahneman, D. and A. Tversky, 1990, "Prospect Theory: An Analysis of Decision under Risk", pp. 140–170 in P. K. Moser, ed., *Rationality in Action: Contemporary Approaches,* New York: Cambridge University Press

7 상대에게 유익한 대화였다는 인상을 남기는 '깨달음을 주는 질문'은 다음을 참조하라.

Redelmeier, Donald A., Joel Katz and Daniel Kahneman, 2003, "Memories of Colonoscopy: A Randomized Trial", *Pain* 104: 187–194.

함께 보면 좋을 책들

자기 경영
- 『드라이브』, 다니엘 핑크, 청림출판, 2011년
- 『습관의 힘』, 찰스 두히그, 갤리온, 2012년
- 『마음을 여는 기술』, 대니얼 시겔, 21세기북스, 2011년
- 『변화면역』, 로버트 케건, 리사 라스코우 라헤이, 정혜, 2020년
- 『더 딥』, 세스 고딘, 재인, 2010년

조직 변화
- 『스위치』, 칩 히스, 댄 히스, 웅진지식하우스, 2010년
- 『플랫 아미Flat army』, 댄 폰테프랙트, Figure 1 Pub, 2018년
- 『조직의 재창조』, 프레데릭 라루, 생각사랑, 2016년
- 『체크! 체크리스트』, 아툴 가완디, 21세기북스, 2010년
- 『긍정적 이탈』, 리처드 파스칼, 제리 스터닌, 모니크 스터닌, RHK, 2012년
- 『완벽한 컨설팅』, 피터 블록, 인사이트, 2010년

성공 전략
- 『승리의 경영전략』, 로저 마틴, A. G. 래플리, 진성북스, 2013년
- 『성공을 퍼트려라』, 로버트 서튼, 허기 라오, 한국경제신문사, 2015년
- 『헬핑』, 에드거 샤인, 심심, 2024년
- 『어떻게 질문해야 할까』, 워런 버거, 21세기북스, 2014년
- 『효과적인 질문법Making Questions Work』, 도로시 스트라찬, Jossey-Bass Publishers, 2009년

- 『어떻게 공부할 것인가』, 피터 브라운, 헨리 뢰디거, 마크 맥대니얼, 와이즈베리, 2014년
- 『거의 모든 것의 역사』, 빌 브라이슨, 까치, 2020년

영상으로 배우는 코칭 습관

절대 깨지지 않는 습관을 기르는 법
Building Rock Solid Habits
좀비와 원숭이, 달걀 등이 등장하는 이 동영상 시리즈는 절대 깨지지 않는 습관을 기르는 법을 재미있게 설명한다.

위대한 질문을 하는 법
How to ask a great question
위대한 질문에 필요한 다섯 가지 규칙을 톡톡 튀는 인터넷 세미나 형식으로 소개한다.

강렬하게 시작하기
Starting Strong
대화를 시작할 때 "요즘 신경 쓰는 일이 뭐예요?"는 아주 효과적인 질문이지만, 다른 질문을 활용할 수도 있다. 대화를 더욱 강렬하고 빠르게 시작하는 방법을 알려준다.

모든 것을 지배하는 절대 질문
The One Question That Rules Them All
마이클은 J. R. R. 톨킨의 『반지의 제왕』에 고개를 끄덕이며, "그리고 다른 건요?"가 왜 가장 먼저 익혀야 하는 질문인지를 철저히 탐구한다.

팀이 핵심을 찾도록 돕는 법
How to Help Your Team Find Focus
팀원들이 핵심을 파악하고 더욱 위대한 일을 하도록 도울 때 쓸 질문과 도구를 다양하게 소개한다.

TERA 지수
The TERA Quotient
참여의 신경 과학으로부터 당신과 주변 사람들이 업무에 열의를 가지고 참여하게 만들 전략과 행동 양식을 탐구한다.

실제로 더욱 도움이 되는 법
How to be More Helpful (rather than more "Helpful")
에드거 샤인의 연구를 분석해서, 선한 의도로 도와주려고 한 일이 왜 저항을 불러오고 실패로 끝나는 경우가 많은지 쉽게 이해할 수 있게 해준다.

드라마 삼각형 복습
Drama Triangle: introduction & overview
드라마 삼각형을 공부하면서 깊은 감명을 받았다면, 이 영상을 보면서 이론을 더 깊이 공부하고 다른 사람과 지식을 나눌 수 있다.

전략적 사고, 계획, 그리고 실행까지 속사포처럼 쏟아내기
Rapid Fire Strategic Thinking Planning & Doing
전략적 역량을 향상하고 싶다면 전략적 질문이 좋은 출발점이 될 것이다. 이 영상에서 소개하는 내용보다 더 깊이 알고 싶은 이를 위해, 계획에 새로운 초점을 주고 완성도를 높여줄 한 장짜리 전략적 설계 도구를 소개한다.

"아니요"라고 할 수 없을 때 어떻게 "아니요"라고 할 것인가
How to say No (when you can't say No)
"아니요"라고 말하기는 까다로운 일이다. 특히 일반적으로 "네"라는 대답을 기대하는 조직 문화에서는 더욱더 그렇다. 이 영상에서는 "아니요"라고 말하는 요령을 키울 전략이 소개된다.

기억에 남게 하라 How to Make Your Training Sticky
대화에서 오갔던 좋은 내용을 잊지 않게 해서, 어떤 대화든 유익하게 만드는 전략을 소개한다.

기억에 남게 하라

How to Make Your Training Sticky
대화에서 오갔던 좋은 내용을 잊지 않게 해서, 어떤 대화든 유익하게 만드는 전략을 소개한다.

옮긴이 김잔디

서울시립대학교를 졸업하고 글밥아카데미를 수료한 후 바른번역 소속 번역가로 활동 중이다. 정확하면서도 따뜻한 여운이 남는 번역을 목표로 삼고있다. 옮긴 책으로는 『열정 절벽』, 『모네가 사랑한 정원』, 『소로의 야생화 일기』, 『목소리를 높여봐!』, 『본격 재미 탐구』, 『Flying High』 등이 있다.

리더의 질문력

초판 1쇄 발행 2025년 1월 24일
초판 5쇄 발행 2025년 11월 3일

지은이 마이클 번게이 스태니어
옮긴이 김잔디

발행인 윤승현 **단행본사업본부장** 신동해
편집장 김경림 **책임편집** 최은아
표지 디자인 최희종 **마케팅** 최혜진 이인국
국제업무 김은정 김지민 **제작** 정석훈

브랜드 리더스북
주소 경기도 파주시 회동길 20
문의전화 031-956-7214(편집) 031-956-7089(마케팅)
홈페이지 www.wjbooks.co.kr
인스타그램 www.instagram.com/woongjin_readers
페이스북 www.facebook.com/woongjinreaders
블로그 blog.naver.com/wj_booking

발행처 ㈜웅진씽크빅
출판신고 1980년 3월 29일 제406-2007-000046호
한국어판 출판권 ⓒ 웅진씽크빅, 2025

ISBN 978-89-01-29249-6 03320

- 리더스북은 (주)웅진씽크빅 단행본사업부의 브랜드입니다.
- 책값은 뒤표지에 있습니다.
- 잘못된 책은 구입하신 곳에서 바꾸어 드립니다.